생각을 내려놓고
마음으로 사는 법

생각을 내려놓고 마음으로 사는 법

발행일	2023년 10월 20일

지은이	다길람		
펴낸이	손형국		
펴낸곳	(주)북랩		
편집인	선일영	편집	윤용민, 배진용, 김다빈, 김부경
디자인	이현수, 김민하, 임진형, 안유경, 최성경	제작	박기성, 구성우, 이창영, 배상진
마케팅	김회란, 박진관		
출판등록	2004. 12. 1(제2012-000051호)		
주소	서울특별시 금천구 가산디지털 1로 168, 우림라이온스밸리 B동 B113~114호, C동 B101호		
홈페이지	www.book.co.kr		
전화번호	(02)2026-5777	팩스	(02)3159-9637

ISBN	979-11-93304-99-0 03100 (종이책)		979-11-93304-94-5 05100 (전자책)

(주)북랩 성공출판의 파트너
북랩 홈페이지와 패밀리 사이트에서 다양한 출판 솔루션을 만나 보세요!
홈페이지 book.co.kr · **블로그** blog.naver.com/essaybook · **출판문의** book@book.co.kr

작가 연락처 문의 ▶ ask.book.co.kr
작가 연락처는 개인정보이므로 북랩에서 알려드릴 수 없습니다.

다길람 행복론

생각을 내려놓고
마음으로 사는 법

북랩

| 차례 |

열면서   8

1부 마음보기

마음과 생각의 뿌리 • 12 ｜ 인류 평화 • 14 ｜ 마음은 누구나 똑같다 • 16 ｜ 마음으로 돌아가자 • 17 ｜ 마음보기 • 18 ｜ 마음은 몸에 근거 • 20 ｜ 몸과 마음은 하나다 • 22 ｜ 마음의 길은 편하다 • 24 ｜ 마음은 생명 지향적 • 25 ｜ 생각은 마음의 때 • 26 ｜ 마음은 몸을 따른다 • 29 ｜ 마음과 감각 • 32 ｜ 마음은 완전하다 • 34 ｜ 감각으로 돌아가자 • 36 ｜ 마음은 자연 • 39 ｜ 마음적인 삶 • 40 ｜ 아이와 어른의 차이 • 41 ｜ 생각의 실체 • 44 ｜ 마음이 곧 진리 • 46 ｜ 생명과 건강 • 47 ｜ 생명과 자연 • 48 ｜ 생명의 종합성 • 50 ｜ 생명의 길 • 51 ｜ 생명의 균형성 • 52 ｜ 생명과 자연 • 54 ｜ 생명은 삶의 목표 • 56 ｜ 생명의 실체 • 57 ｜ 생명의 가치 • 58

2부 마음 따르기

마음의 모습 • 63 | 몸의 구조 • 67 | 행복의 조건, 하나 • 74 | 행복의 조건, 둘 • 76 | 아이의 행복 • 78 | 세상의 중심 • 80 | 정서불안의 실체 • 82 | 엄마의 중요성 • 84 | 정서불안이 생기는 이유 • 85 | 엄마 사랑의 소중함 • 86 | 어린 시절의 예민함 • 88 | 태교와 육아의 중요성 • 90 | 태교 • 91 | 육아법 • 93 | 서양식 육아법 • 96 | 재능보다는 정서가 중요하다 • 101 | 부자연스러운 성장 과정 • 107 | 사랑받고 자란 아이의 삶 • 110 | 가정의 중심 • 113 | 엄마는 천사 • 114 | 결혼의 중요성 • 115 | 가장 나쁜 짓 • 118 | 유산 • 120 | 이혼에 대하여 • 122 | 아이들은 천사 • 124 | 부모보다 소중한 존재 • 126 | 자녀 간의 우애 • 130 | 남편의 역할 • 132 | 사랑의 정의 • 135 | 가정불화의 원인 • 138 | 아이는 삶의 구심점 • 140 | 여자의 생활 자세 • 142 | 이상적인 가정 • 146 | 이상적인 사회 • 148 | 집은 가장 편안한 수련장 • 149 | 자식들에게 • 151 | 생각에 치우친 사람들 • 152 | 이 땅에 뚜렷한 종교, 철학, 사상이 없는 이유 • 154 | 아이는 가장 큰 깨달음 • 160

3부 몸보기

완전한 책 • 165 | 공통분모 • 166 | 때 • 169 | 하나 • 170 | 철부지 • 172 | 우리말 • 174 | 얼 • 177 | 몸보기 • 182 | 지향점 • 186 | 자기 세계 • 188 | 유기적 • 190 | 있는 그대로 • 192 | 소박함 • 194 | 나 • 195 | 몸보기 수련 • 196 | 문제 보기 • 201 | 차원 • 204 | 주인 • 207 | 돌아감 • 208 | 자리 • 209 | 최소 • 210 | 어우러짐 • 211 | 잡념 • 212 | 생명 • 213 | 해방 • 216 | 부작용 • 217 | 돌아가기 • 218 | 편견 • 220 | 역사 • 226 | 객관 • 227 | 마음보기 • 228 | 고향 • 230 | 마음 닦기 • 232 | 최상의 진리 • 235 | 실상 • 236 | 눈치채기 • 237 | 이상함 • 240 | 몸으로 알기 • 242 | 버리기 • 243 | 깨치기 • 244 | 나 • 245 | 따로 가기 • 246 | 전체 • 248 | 조심하기 • 250 | 자연 • 251 | 변화 • 252 | 몸의 신비 • 253 | 아이들 • 254 | 어머니 • 256 | 절대 기쁨 • 260 | 속담 • 261 | 풍경 • 262 | 동심 • 263

닫으면서   264

생각을 내려놓고 마음으로 살려면
생각과 마음의 차이를 알아야 한다.
하지만 사람들은 생각을 마음과 혼동하며 살고 있다.
생각으로 사는 사람과
마음으로 사는 사람은 매우 다른 삶을 살게 된다.

마음과 생각은 얼핏 보면 비슷해 보인다.
그래서 많은 철학자와 위인들이
이를 혼동하여 지금까지
자기 자신의 삶은 물론 오늘날
인류의 삶까지 큰 혼란을 주고 있다.

나는 삶의 진리를 찾기 위해
많은 책을 읽었지만 아무리 읽어도
진리를 찾을 수가 없었다.
그러던 중에 마음과 생각이

근본적으로 다르다는 것을 깨닫고
삶에 평화를 얻게 되었다.

이 책은 저의 졸저 『몸보기』(부제: 아가에게서 깨달은 건강법) 중에서 대부
분 발췌한 것으로 더 자세하고 전체적인 것을 보려면 『몸보기』를 참고하
면 될 것이다.

1부

마음보기

마음과 생각의 차이를 알려면
먼저 마음과 생각의 본질을
명확히 파악해야 할 것이다.

마음과 생각의 뿌리

마음과 생각은 모두 두뇌 작용이다.
그래서 지금까지 그 차이점을 잘 몰랐다.
하지만 같은 두뇌 작용이지만
마음과 생각은
완전히 다른 뿌리를 가지고 있다.

마음은 항상 몸이라는
위대한 생명체에 근거해서 일어나지만
생각은 몸에 근거하지 않고
자신이 알고 있는 지식에 의해서 일어난다.

지식이란 독서나 배움
자라면서 알게 된 많은 정보와
어릴 적 성장 과정에서 형성된 정서 등을 말한다.

이렇게 얻은 지식을
나름대로 짜깁기해서 만들어낸 것이
생각의 실체인 것이다.

물 먹는 것을 예로 들어보자. 마음적 물 마심은 목의 갈증에 의해 마시고 갈증이 해소될 만큼만 마시지만 생각적 물 마심은 '의사가 하루에 2,000cc 이상 마시라고 했지', '한 시간마다 200cc 이상 마시라고 했지.' 이런 식으로 몸의 신호와는 무관하게 의사에게 들은 정보에 의해 행동하는 것이다.

인류 평화

마음은 모두 같지만
생각은 모두 다르기에
생각으로 세상이 하나 되기는 어렵다.
하나가 되어야 싸우지 않고
싸우지 않아야 평화가 오고
인류의 행복이 있기 때문이다.
생각은 종류가 너무 많다.
종교적으로
유교, 불교, 천주교, 기독교,
도교, 천리교, 대순진리교 등등
철학적으로
실존주의, 자연주의, 공리주의, 역사주의,
구조주의, 유물주의, 계몽주의, 실용주의,
실증주의 등등 이외에도
스스로가 가장 옳다고 주장하는 생각들이
얼마나 많은지 모른다.
그래서 세상은 늘 혼란스러운 것이다.

마음은 인류가 평화롭게 살 수 있는
유일한 대안이다.

왜 그런가.
마음은 모두가 같기에
세계 공통분모이다.
세계 공통분모가 있다면
다툼이 있을 수 없다.
음악으로 인해 전쟁이 나거나
개인적으로 싸우는 일은 지금까지 없었다.
세계 공통분모이기에
'도'를 '미'라 하지 않고
'미'를 '파'라 하지 않는다.
그 또 하나의 공통분모가
바로 마음인 것이다.

마음은 누구니 똑같다

마음은 누구나 같다.
하지만 생각은 모두 다르다.
마음이 모두 같은 것은
마음의 뿌리인 몸이 모두 같기 때문이다.
오장육부와 팔다리와 이목구비가 다 같기에
마음도 같을 수밖에 없는 것이다.
하지만 생각은 모두 다르다.
생각은 각자가 살아온
나라와 고장의 풍습이 다르고
성격이 다르고
학문의 깊이가 다르고
성장 과정이 다르기에 같을 수가 없는 것이다.

생각을 내려놓고 마음으로 사는 법

마음으로 돌아가자

모든 생각을 버리고
마음으로 돌아가야 한다.
그래야 세상에 평화가 온다.
어느 것이 좋은 생각인지 알려면
모든 것을 다 안 후에 결정해야 하는데
생각들이 너무 많아서
그것을 안다는 것은 불가능하고
또 배움이 적은 사람에게는 더 어렵고
시간이 없는 사람 또한 불가능하다.
그렇다고 많은 사람들이 따르는
생각을 따를 수도 없는 것이다.
진리란 그것이 지속되었던 세월과
그것을 따르는 무리들에 의해
결정되는 것이 아니라는 것을
우리는 지동설과 천동설의
역사적 사건에서 깨달았기 때문이다.

마음보기

마음으로 하나 되면
전쟁도 시비도 다툼도 없게 된다.
그러므로 마음을 본다는 것
마음을 안다는 것
마음을 따른다는 것은
참으로 위대한 일인 것이다.

마음을 보기 위해서는 생각을 버리면 된다.
거울의 때를 닦으면
맑은 거울이 거기 있듯이
호수의 물결이 사라지면
고요한 호수가 거기 있는 것과 같이
생각을 버리면
마음은 맑은 거울처럼
고요한 호수처럼
태어날 때부터 죽을 때까지
내 안에 존재하고 있는 것이다.
그런데 거울의 때와

생각을 내려놓고 마음으로 사는 법

호수의 물결처럼

생각이 마음을 더럽히고 어지럽게 만들어서

그 순수한 마음을 볼 수 없게 만들고

우리를 아프고 힘들고 괴롭게 만드는 것이다,

마음은 몸에 근기

마음은 누구에게나 있다.
사람, 짐승, 곤충, 식물, 미생물
살아 있는 모든 생명체는
마음을 갖고 있다.
몸을 가지고 있기 때문이다.

마음은 몸에 뿌리를 두고 있다.
그러므로 몸이 없다면 마음 또한 있을 수가 없다.
그러므로 모든 생명체는
몸과 마음으로 구성되어 있다
풀에는 풀에 알맞은 마음이 있고
나무에는 나무에 알맞은 마음이 있고
호랑이에게는 호랑이에 알맞은 마음이 있고
사람은 사람에게 알맞은 마음이 있다.

생각을 내려놓고 마음으로 사는 법

일본에서 유명한 탄산 스님이 학승과 함께 길을 걷다가 물이 불어나 건널 수 없는 개울 앞에 서 있는 여자를 안아서 건네주었다. 잠시 길을 가다가 학승이 "그 여자를 안았을 때 느낌이 어땠나요?" 하고 물으니 탄산 스님은 "너는 아직도 들고 있느냐? 나는 벌써 내려놓았다."라고 했다. 이것은 불가능하다. 탄산 스님이 진정 여인네를 가까이하지 않고 수행한 스님이라면 그 여자를 안았을 때 그 체취, 그 보드라운 느낌, 그 황홀함 기분을 결코 내려놓을 수 없는 것이다.

　이것이 마음이다. 이성을 사랑할 수 있는 구조의 몸을 가지고 태어난 우리 인간들은 중성화나 성불구가 아닌 한 결코 이성으로 향하는 마음을 이길 수도 버릴 수도 떼어낼 수도 없다. 그 마음을 이겨낸 것처럼 내려놓은 것처럼 그리하여 남들로부터 고귀하게 보이려 하는 종교인들과 철학자들이 얼마나 많은가. 40년을 면벽 수행하다 하룻밤에 황진이를 품에 안은 지족 선사도 그렇지 않은가.

몸과 마음은 하니다

그러므로 마음은 몸의 변화에 따라
저절로 생겨나고
저절로 스러지는 것이
자연적인 순리다.
아이에게는
아이에게 알맞은 마음이 저절로 생겨나고
청소년에게는
청소년에게 알맞은 마음이 저절로 생겨나고
성인에게는
성인에게 알맞은 마음이 저절로 생겨난다.
그러므로 사람은
아이 때에는 부모를 그리워하는 마음이
저절로 생기고
성장하면 이성을 그리워하는 마음이
저절로 생기고
부모가 되면 아이를 사랑하는 마음이
저절로 생긴다.
또 배가 고프면

생각을 내려놓고 마음으로 사는 법

음식을 먹고 싶은 마음이 저절로 생기고
졸리면 자고 싶은 마음이 저절로 생긴다.
이렇게 마음은 언제나
몸을 따르는 것이 자연적인 순리다.
그러므로 몸과 마음은
반드시 하나로 일치할 수밖에 없는 것이다.

마음의 길은 편하다

생각은 종류가 많아서 복잡하다.
복잡한 것은 반드시 어려움을 동반한다.
복잡하고 어렵다면 그것은 진리가 아니다.
따라서 생각은 공부하고 공부해도 끝이 없다.
하지만 마음은 그럴 필요가 없다.
마음공부는 따로 할 필요가 없다.
마음은 누구에게나 있고
누구나 배우지 않아도 알 수 있고
누구나 같기 때문이다.

마음은 생명 지향적

이처럼 몸이 성장하고
또 몸이 변화함에 따라
마음이 그 몸의 성장과 변화에 따라
저절로 생겨나고 스러지는 이유는
몸과 마음이 언제나
생명을 지향하기 때문이다.

왜 몸과 마음은 언제나 생명을 지향하는가.
그것은 인간을 비롯한
모든 생명체의 몸과 마음에는
생명을 유지하고 생명을 지키고 생명을 잇기 위한
위대하고 아름답고 신비한
질서가 흐르고 있기 때문이다.

생각은 마음의 때

아름답고, 위대하고, 신비로운 마음을
무시하고 더럽히고
짓밟는 것이 있으니
그것이 바로 생각이다.

질병이 우리 몸을 허약하게 만들듯이
생각은 순수한 마음을 오염시킨다.

그러므로 생각이 들어와서
마음이 오염되면
괜히 모든 것이 허무해 보이고
괜히 세상이 무의미해 보이고
괜히 사는 것이 슬퍼지고
괜히 쓸쓸해하고 무서워한다.
또 괜히 좋아서 천방지축 날뛰기도 하고
시도 때도 없이 성에 집착하기도 한다.

생각을 내려놓고 마음으로 사는 법

마태복음에 "여자를 음욕의 눈으로 보면 간음한 것과 같다."라는 글이 있다. 참으로 이상한 말이다. 음욕의 한계는 어디까지고 범위는 어디까지인가. 인간은 생각이 무한대로 가능한데 어떻게 그 생각을 자제할 수 있단 말인가. 그리고 상상하는 것만으로도 그리 큰 죄를 짓는 것이라면 세상 모든 남자들이 모두 범죄자가 아닐 수 없다. 차라리 "여자를 음욕의 눈으로 볼 수는 있다. 하지만 당신이 행동을 안 한다면 매우 훌륭한 사람이다." 이렇게 말했다면 나는 그 글을 높이 샀을 것이다.

청소년 시절, 나는 이 성경 글귀로 인해 많은 시간을 괴로워했다. 내 영혼이 남보다 더러운가, 타락했는가…. 나만이 이런 말도 안 되는 시간을 보냈을까. 지금 돌이켜보면 있지도 않은 영혼, 타락, 죄악 등등으로 고민했던 나 자신이 참으로 안타깝게 여겨진다. 몸의 구조가 이성을 사랑할 수 있게 되어 있기에 우리는 호르몬의 변화에 따라 얼마든지 이성에 대해 자기 나름대로의 상상과 생각을 할 수 있는 것이다.

물을 많이 먹는 게 좋다는 생각에 오염되면
목이 마르지도 않은데 억지로 물을 마신다.
종교, 철학, 사상, 역학 등의 생각에 오염되면
마음은 이성을 그리워하는데
억지로 이성을 멀리한다.
음란한 생각에 오염되면
시도 때도 없이 성에 집착한다.

이처럼 생각은

몸의 변화에 따라 일어나지 않고

자기가 알고 있는

지식에 의해 생겼다가

그 지식에 의해 스러진다.

몸과 하나 되지 않고

몸과 따로 논다.

몸을 따르지 않고 몸을 거역한다.

철학자 키에르케고르는 젊은 시절에 한 여인을 사랑하게 되어 약혼을 했다. 그러나 일 년 만에 파혼했다. 그런데 파혼을 하고도 그 여인을 그리워했다. 그래서 심지어 그 여인이 다른 사람과 결혼을 했는데도 찾아가기도 했다.

키에르케고르의 이런 이상한 행동은 그의 우울증에서 온 것이다. 그 우울증은 두 가지에서 비롯되었는데 어린 시절 아버지로부터 "아버지가 한때 너무 가난해서 신을 저주했다"는 고백을 들은 것이었다. 독실한 기독교 신자였던 그는 큰 충격을 받았을 것이다. 그리고 키에르케고르 형제들의 잇단 조기 사망이 아버지가 신을 저주한 데서 오는 형벌이라 믿는 생각에서 비롯된 것이다. 이처럼 어린 시절의 정서는 생각의 많은 부분을 차지한다.

마음은 몸을 따른다

생각은 몸을 거역하지만
마음은 언제나 몸을 따른다.
몸이 존재하는 한
마음을 따로 떼어낼 수는 없다.
그러므로 생각을 비울 수는 있어도
마음을 비울 수는 없다.
생각을 버릴 수는 있어도
마음은 버릴 수도 없다.
그러나 많은 사람들은
철학, 사상, 종교, 역학 따위의 지식에 물들어
이처럼 소중한 마음을
생각으로 착각하고 있다.

중국의 사상가 장자는 아내가 죽었을 때 항아리를 두드리고 노래를
부르며 즐거워했다. 친구들이 그 모습을 보고 너무 심하지 않으냐고 하
니 장자는 "아내는 본래 생명도, 형체도 없었는데 자연의 조화로 잠시
사람의 모습으로 변했다가 이제 다시 본래의 자리로 되돌아간 것이니
어찌 슬퍼하겠는가?"라고 대답했다.

장자의 이 말이 진리라면 우리가 삶에 찌릴 때 더 이상 살아야 할 이유가 없다. 장자의 어처구니없는 이 말로 인해 얼마나 많은 사람들이 극단적 선택을 해서 이 세상을 떠났을까. 세상에는 또 이처럼 엉터리 논리를 가진 생각들이 얼마나 많을까. 참으로 안타깝다.

"삶과 죽음이 다 자연의 한 조각이 아니겠습니까." 고(故) 노무현 대통령 유언의 한 구절이다. 장자의 영향을 받았다고 볼 수 있다.

이런 것이 대표적인 생각이다.
마음은 지식에 근거하거나
장자의 경우와 같이
논리적 판단에 의해 일어나는 것이 아니다.
마음은 저절로 일어나는 것이다.
오장육부가 움직이는 것을
우리의 생각으로 어찌할 수 없는 것과 같이
우리의 생각으로 어찌할 수 없는
또 다른 무형의 장기가 바로 마음이다.
사랑하던 사람이 죽으면 자기도 모르게
슬픈 마음이 생기는 것이다.
동물들도 새끼를 잃거나 제짝을 잃으면 슬피 운다.
이것이 마음의 실체다.
장자는 이 마음의 본질을 몰랐던 것이다.
장자뿐 아니라

생각을 내려놓고 마음으로 사는 법

공자, 노자, 부처, 예수, 소크라테스 등의
많은 종교가, 철학자들도 결국
그 당시에는 뛰어났을지 모르지만
진화나 통계력, 논리 면에서
현대를 살아가는 우리들보다 훨씬 뒤떨어진
옛날 사람에 불과하다는 것을
깨달아야 할 것이다.

마음과 삼각

마음을 어기는 것이 생각이라면
마음을 따르는 것이 감각이다.
생각이란 지식으로 아는 것이요,
감각이란 느낌으로 아는 것이다.
느낌이란 몸에 근거해서 일어나는 것이다.
그러므로 마음과 감각은 언제나 일치한다.
그러므로 몸과 마음과 감각은 하나다.

생각은 감각처럼
몸의 변화와 주위의 환경 변화에 따라
저절로 생기는 것이 아니다.
생각은 독서, 교육, 지식, 소문 등을 통해
외부에서 갑자기 들어온 것이지
감각처럼 수억만 년의 세월 동안 변화하면서
이루어진 것이 아니다.
그러므로 생각에 의해 갑자기 알거나
갑자기 만들어지거나 갑자기 변화되는 것은
모두 부작용을 가져오니

물질문명이 그러하고 정신문명이 그러하다.

유구한 세월에 걸쳐 이루어진

자연에 비하면 문명이란

일종의 돌연변이라 할 수 있는 것이다.

마음은 완전하다

생각은 불완전하지만
마음은 완전하다.
그래서 마음만으로 사는
식물들과 동물들은
배우지 않아도
먹을 것과 못 먹을 것을 구분할 줄 알고
지진이 일어날 것을 미리 알고
장마가 지고 태풍이 올 것도 미리 안다.
생각이 아닌 마음으로 안다.
마음의 다른 말이 곧 감각이기 때문이다.
완전하고 아름답고 신비한 몸을
가지고 있기에 그 몸과 하나 되는
마음과 감각을 갖고 있기 때문이다.

생각을 내려놓고 마음으로 사는 법

코끼리의 피부는 매우 거칠고 두꺼워 보이지만 파리가 앉아도 눈치를 챌 수 있을 만큼 민감하고, 코끼리의 코는 매우 둔해 보이지만 쌀 한 톨도 집어 올릴 수 있을 만큼 섬세하다. 코끼리의 다리는 매우 둔해 보이지만 수십 킬로 떨어진 곳에서 다른 코끼리들이 발로 보내는 신호를 느낄 수 있을 정도로 예민하다.

박쥐는 입으로 여러 가지 소리를 내어 그 소리가 주변에 반사되어 나오는 소리를 예민한 귀로 감지하여 장애물을 피하고, 먹이를 잡아먹는다고 한다. 뱀은 주변의 온도 변화를 수천분의 일 도까지 감지하여 깜깜한 밤에도 먹이를 잡아먹는다. 나무들은 햇빛의 변화를 정확히 감지하여 꽃과 잎과 열매와 낙엽을 만들어낸다. 연어는 수천 킬로 떨어진 바다에서도 자기가 태어난 강물의 냄새를 기억하고 찾아온다. 하찮아 보이는 지렁이나 쥐조차도 지진이 일어날 것을 예감하고 안전한 곳으로 이동한다고 한다. 어떤 식물은 봄에 뿌리를 내릴 때 그해 여름에 바람이 얼마나 세게 불 것인가를 예감하고 뿌리를 깊게 내리거나 짧게 내리고, 또 어떤 곤충들은 가을에 그해 겨울 날씨를 예감하고 겨울을 날 준비를 한다고 한다.

어찌 이뿐이랴. 이처럼 우리가 짐작할 수 있는 감각의 신비로운 세계만을 담으려고 해도 몇 권의 책을 필요로 할 것이다. 하지만 우리가 짐작조차도 할 수 없는 신기한 감각 세계는 얼마나 될지 정말 가늠하는 것조차 어려운 것이다.

감각으로 돌아가사

어릴수록 감각적이고
나이를 먹어갈수록 생각적이다.
그러므로 감각적일수록 생명력은 강한 것이다.
우리는 감각을 잃어버렸다.
우리가 되찾아야 할 것은
지식으로 이루어진 생각이 아닌 감각이다.
우리가 돌아가야 할 곳은
생각의 세계가 아닌 감각의 세계다.
생각은 감각을 무디게 한다.
생각은 감각을 무시한다.
생각은 감각을 억압한다.
그러므로 생각을 버리면 감각은 다시 살아난다.

생각은 모두가 다르지만
마음은 누구나 같다.
마음은 근본적으로 생명을
지향하기 때문이다.
그러므로 착한 사람과 나쁜 사람

유신론자와 무신론자

기독교인과 불교인

이들의 다른 점은 생각이지 마음이 아니다.

따라서 생각을 버리면

마음만 남는다.

그러므로 사람은 누구나 같은 것이다.

마음은 자연이므로

완전하기에

복합적이고 전체적이고 지속적이지만

생각은 자연이 아니므로

불완전하기에

부분적이고 단편적이고 한시적이다.

그러므로 훌륭하다거나

위대한 생각이란 없다.

그 어떤 생각도 생각은 모두가

마음을 더럽히는 때에 불과하다.

만약에 위대한 생각이 있다면

그것은 마음에 가까운 생각이므로

마음이지 생각이 아닌 것이다.

하지만 사람은 두뇌가 발달해서 생각을 안 하고 살 수가 없다. 그렇기만 그 생각의 노예가 되어서는 안 되는 것이다. 생각이란 삶의 장식품쯤으로 여기는 것이 현명하다.

　마음이 몸이라면 생각이란 귀걸이, 목걸이, 반지, 팔찌라 보면 된다. 장기나 바둑이나 체스 등의 오락이라 여기고 그 생각들이 곧 진리라 여기지 않는 자세가 중요하다. 축구나 농구를 하듯이 '그렇게 생각할 수도 있겠구나.' '재미있는 생각이네.' 하는 자세로 살아야 할 것이다. 놀이하듯 오락하듯 치장하듯 그렇게 세상의 모든 종교, 철학, 사상, 역학, 이념 등을 가볍게 스치듯이 보아야 할 것이다.

마음은 자연

부인이 죽었을 때
항아리를 두드리며 노래를 부른
장자의 언행은 자연스럽지 않은 것이다.
동물들도 새끼를 잃거나 제짝을 잃으면 슬피 운다.
자연에는 생각이 없다.
오직 마음만 있다.
그러므로 자연의 모든 생명체는
생각이 아닌 마음으로 살아가는 것이 순리다.
하지만 인간만이 유일하게
생각에 의해 살아가고 있다.
그래서 인간만이 자연을 어기며 살아가고 있다.

마음적인 삶

자연을 보라.

나무를 보라, 들짐승들을 보라, 꽃을 보라.

어린아이들을 보라.

얼마나 아름답고, 신비롭고

사랑스럽고, 평화로운가.

왜 그런가.

생각적이지 않기 때문이다.

왜 그런가.

마음만으로 살기 때문이다.

아이와 어른의 차이

아이와 어른의 차이는 생각에 있다.
어린아이일수록 생각이 얕고 적으며
나이가 든 사람일수록
생각이 많고 깊어진다.

그러므로
아이들의 마음은 편안하고
어른들의 마음은 불편하다.

편안한 마음은 본래 마음이요,
불편한 마음은 오염된 마음이다.
그러므로
편안한 마음은 건강한 마음이요,
불편한 마음은 병든 마음이니
생각이 많고 깊어지게 되면서부터
사람은 생명으로부터
멀어지게 되는 것이다.

생각을 멀리하라.
생각이 모여 지식과 학문이 되고
그것이 고정관념이 되어
순수한 마음을 오염시킨다.

생각이 없을 땐 마음이 맑아서
모두가 친구요, 동무였건만
생각이 마음을 흐려 놓으면
부모 형제도 알아보지 못한다.

생각이 없을 땐 모두가 하나였건만
생각이 나타나서 편을 가르고
생각이 다르다는 이유만으로 서로 싸우니
생각은 모든 분쟁의 원인이다.
아, 얼마나 많은 사람들이
종교, 사상, 이념의 대립으로 싸우고
죽어가고 상처를 받았는가.
그리고 지금도 세계 곳곳에선
종교와 이념 전쟁이 계속되고
우리나라 역시 아직도 분단 상태다.

생각을 내려놓고 마음으로 사는 법

다음은 지하철 벽에 걸린 '마음'에 대한 글이다.

마음

마음은 경거망동하여 다스리기 어려우며

날뛰어 도망침이 야생동물 같으며

번갯불같이 시시각각 변하며

까불고 가만히 있지 않아 원숭이 같으니

온갖 선악행의 근본임이 분명하다.

(글: 열반경)

생각을 마음으로 착각한 수많은 종교적 글 중의 하나다.

생각의 실체

마음은 완전한 몸에 뿌리를 두고 있지만
생각은 뿌리가 없다.
그러므로 생각은 불완전한 것이다.
그래서 생각으로 지어낸 것은
전체를 보지 못하고 멀리 보지 못해서
부분적이고 한시적이므로
한쪽으로 치우쳐 조화와 균형을 깨는 것이다

그러므로 생각이 지어낸 것은
일관성이 없어
앞뒤가 안 맞는 모순을 반드시 갖는다.

생각은 또한 뿌리가 없어 불완전하니
어제와 오늘이 다르고
내일을 장담할 수 없다.
보라!
생각이란 이처럼 허망한 것이다.

생각은 또한 불완전하니 자주 바뀐다.
생각이 생각을 낳고
그 생각이 또 다른 생각을 낳아서
생각을 좇아 다님은
마치 미로를 헤매는 것 같아서
종교가, 철학가들처럼
평생을 허비해서 공부하고 연구해도
결론을 얻지 못하고 자가당착
모순과 혼란 속에서 살다가 죽는 것이다.

철학자 니체는 인류 최대의 선물이라 자찬한 자작 저서 『짜라투스트라는 이렇게 말했다』에서 육체적 욕구를 자제하지 말라고 해놓고 어느날 금욕주의를 선언했다. 그리고 죽을 때 그의 병명은 매독이었다. 생각적인 삶은 이렇게 자가당착과 모순, 거짓, 위선 등을 반드시 동반한다.

생각으로는
결코 진리를 찾을 수 없다.
마음으로 돌아가야 한다.
마음으로 돌아가기 위해서는
생각을 버려야 한다.
마음은 완전하기에
마음으로 돌아가면
진리가 저절로 나타나게 될 것이다.

마음이 곧 진리

생각을 버리면 마음만 남는다.
마음만이 진리다.
진리 중의 진리는 무엇인가.
그것은 생명이다.
따라서 모든 진리는 생명으로부터 나오고
생명으로 돌아가야 한다.
생명과 무관하거나
생명을 거역하는 것은 진리가 아니다.
이 세상에서 가장 소중한 것이
생명 외에는 없기 때문이다.

생명과 건강

모든 진리는
생명으로부터 나오고
생명으로 들어가야 한다.
따라서 생명과 무관한 진리는 거짓이며
생명과 무관한 깨달음은 허상에 불과하다.
그 생명을 좌우하는 것이 건강이므로
건강과 생명과 깨달음은 결국 같은 뜻이다.
그 생명을 유지하고 지키고 있는 것이
마음이며,
마음은 몸의 변화에 의해 일어나고
몸은 생명과 건강에 의해 유지되는 것이니
몸과 마음과 건강을
따로 떼어내서 말할 수 없다.

생명과 자연

생명은 자연에서 태어나야 한다.
비록 인간의 생각이 발달해서
생명을 만들 수 있을지라도
그것은 참다운 의미에서의 생명이 아니다.
그렇게 만들어진 생명은
자연과 생태계를 파괴하는
또 하나의 공해일 뿐이다.
왜냐하면 생명은 사랑의
열매로 태어나야 하기 때문이다.

소설 『프랑켄슈타인』은 한 과학자가 인간과 같은 생명체를 만들고 그 생명체가 인간과 자기를 만든 과학자에 대한 복수를 그리고 있다. 그렇다. 많은 종교·철학 책들도 이같이 하나의 흥미로운 소설이라 여기고 읽어야 할 것이다. 소설은 허구적인 생각으로 쓰기 때문이다.

생명은 자연에서 태어나야 한다.
자연에서 태어난 모든 것들은
복합성과 전체성과 지속성을 갖는다.

그러므로 생명에 대한 인식과

생명을 지키기 위한 노력들은

매우 종합적으로 이루어져야 하는 것이다.

생명의 종합성

생명은 종합적인 존재다.
왜 그런가.
그 이유는 세 가지로 볼 수 있다.
첫째, 생명은 몸과 마음으로 구성되어 있기 때문이요,
둘째, 생명은 어떤 생명이든지
홀로 존재할 수 없기 때문이요,
셋째, 생명은 생명으로부터 나와서
끊임없이 이어져야 하기 때문이다.

생명의 길

생명은 종합적인 존재다.

그러므로 사람은

몸과 마음의 건강을 지키기 위해

물질적인 것과 정신적인 것을

동시에 추구해야 하며

현재의 삶뿐만이 아니라

미래에 맞을 죽음도 준비해야 하며

나의 생명처럼 다른 사람과

동식물들의 생명도 소중히 여겨야 하며

나의 생명이 끊이지 않고

후손으로 계속 이어질 수 있도록

노력해야 한다.

이것이 생명을 지키고

생명을 얻는 올바른 길인 것이다.

생명의 균형성

생명은 전체적인 것이다.
그러므로 현재의 삶보다
죽음 뒤의 삶에 중점을 둔 종교
정신적인 것에만 가치를 둔 철학
먹거리만을 따지는 영양학
육체 단련에만 치우친 운동주의
환경만을 주장하는 자연주의
처세에만 역점을 둔 도가주의
초능력만을 추구하는 신비주의
눈에 보이는 것만을 좇는 과학만능주의
자기만을 소중히 여기는 이기주의
현재의 삶만을 인정하는 허무주의
사주와 역학에 치우친 운명주의 등등은
생명의 실상을 제대로 보지 못해서
한쪽으로 치우친
매우 부분적이고 불완전한
생각들이라 할 수 있는 것이다.

그러므로 건강에 대해

기 수련이 제일이라느니,

마음 편한 것이 제일이라느니,

운동이 제일이라느니,

잘 먹고 잘 자는 것이 제일이라느니,

하는 등의 편협한 고정관념은 금물이다.

또 사는 대로 살다가 죽으면 된다느니

나이를 먹다 보면

누구나 병에 걸린다 등등의

체념적인 생각 또한 금물이다.

따라서 건강은 음식만으로

기 수련만으로

호흡 수련만으로

마음을 편하게 하는 것만으로

또는 일상적인 생활만으로는

결코 얻을 수가 없으며

이 모든 것들이 잘 어우러져야만

얻을 수가 있는 것이다.

생명과 자연

생명은 자연적이어야 한다.
자연만이 전체적이요,
종합적이기 때문이다.
그러므로 종합적 생명체인
우리 인간은
완전한 자연에서
모든 것을 얻어야 하는 것이다.
자연을 제외한 모든 것은
불완전하고 단편적이다.
그러므로 대다수의
보통 사람들은 물론이거니와
종교지도자, 철학자, 의사, 과학자들조차
그들이 완전하다고 여기는
경전과 학문만으로는 부족해서
정신에 대하여, 섭생에 대하여,
건강에 대하여, 삶의 지혜에 대하여,
다른 여러 권의 책과
다른 여러 명의 스승으로부터

각각 따로따로 배우는
번거로움과 모순을 갖는다.

독실한 종교인일수록 많은 질병에 시달린다. 그들이 믿는 경전들이 정
신적인 것만을 다루기 때문에 신체를 튼튼히 할 수 있는 방법이 없기 때
문이다. 오히려 새벽기도, 철야기도, 참선, 좌선, 독신, 금식, 고행, 절하기
등으로 무릎 관절과 심장에 해가 되는 행위를 자주 하기에 일반인들보
다 더 건강이 좋지 않다.

그러나 종교인들은 자신들이 믿는 경전이 완벽 완전하다고 말한다. 우
기는 것에 불과하다. 반쪽만 담긴 책을 그 반쪽도 모순투성인데도 깨닫
지 못하고 억지 부리고 있다. 성경, 불경, 도덕경 등등 세상의 모든 경전
들은 다 이렇게 반쪽만 담겨 있다.

자연은 완전하다.
자연이라는 단 한 권의 책에는
모든 지혜가 수록되어 있다.
그 완전한 자연이
바로 우리 몸이요, 우리의 마음이다.

생명은 삶의 목표

생명은 가장 소중한 존재다.
그 생명은 건강이라는 그릇에 담겨 있다.
건강은 매우 종합적인 것이다.
그러므로 진정으로 건강하다 함은
힘이 센 것도 아니요,
초능력이 있는 것도 아니요,
머리는 번민에 빠져 있으면서
근육만 튼튼한 것도 아니요,
몸은 허약하면서
정신력만 살아 있는 것도 아니요,
몸과 마음이 동시에
편안한 상태라고 말할 수 있는 것이다.

생각을 내려놓고 마음으로 사는 법

생명의 실체

생명처럼 소중한 것은 없다.
그래서 우리는
생명의 위협을 받았을 때
가장 두려워하고,
생명을 얻었을 때
가장 기뻐하고,
생명을 잃었을 때
가장 슬퍼하고,
생명이 넘쳐날 때
가장 아름다움을 느끼고,
생명의 신비에
가장 놀라워하는 것이다.
이것이 마음의 실체다.

생명의 가지

생명처럼 소중한 것은 없다.
따라서 생명은 영원해야 한다.
생명이 존재하지 않는 세상은
존재 가치가 없다.
그래서 모든 식물과 동물과
인간들을 비롯한 모든 생명들은
짝을 찾아 사랑을 하고
새 생명을 낳기 위해
혼신의 힘을 다 바친다.
이것이 자연의 질서다.
이것이 마음의 실체다.
질서에서 벗어나면
도태만이 있을 뿐이다.

2부

마음 따르기

마음 따르기란
말 그대로 완전한 마음을
따르며 살자는 이야기다.
마음을 따르는 것만이
마음을 가장 편안히 해줄 수 있기 때문이다.

우리 몸은 신비롭다.
마음이 편안하면
몸 안에서 저절로 기운이 생성되어
신이 나고 힘이 난다.
반대로 마음이 불편하면
아무리 좋은 음식을 먹고
그 어떤 수련을 해도 기운이 나지 않는다.
건강과 행복
이것은 마음의 편안함 없이는
결코 얻을 수가 없는 것이다.

마음 따르기란 말 그대로
마음이 일어나는 대로 사는 것이다.
마음이란 완전하기에
마음대로 사는 것보다 편안한 삶은 없다.
어떻게 살아야 마음이 편안해지는가.

몸을 편안히 해주려면 몸을 따르면 되듯이
마음을 편안히 해주려면
마음을 따르면 된다.

마음을 따르는 삶, 이것은 매우 쉽다.
왜냐하면 자연스러운 삶이기 때문이다.
자연스러운 것은 결코 어렵거나 복잡하지 않다.
마음이 일어나는 대로 따라가 보면
결국 생명과 만나게 된다.
마음은 언제나 생명을 지향하기 때문이다.
그러므로 마음은 언제나
생명을 유지하고
생명을 지키고
생명이 이어질 수 있는 방향으로 움직인다.
마음은 완전하다.
그러므로 마음을 따르고 살면
건강을 얻을 수 있다.
마음을 따르고 살면 행복을 얻을 수 있다.
마음을 따르고 살면
깨달음을 얻을 수 있는 것이다.

이제 이토록 위대한 마음은 어떤 모습을 하고 있는지, 또 어떤 구조로 되어 있는지 알아보자. 그래서 대체 어떻게 사는 것이 진정 마음을 따르며 사는 아름다운 삶인가에 대해서 명확하게 알아보도록 하자.

생각을 내려놓고 마음으로 사는 법

마음의 모습

졸리면 자고픈 마음이 저절로 생기고,
배가 고프면
음식을 먹고픈 마음이 저절로 생긴다.
어릴 때는
엄마를 찾는 마음이 저절로 생기고,
자라면서
이성을 그리는 마음이 저절로 생기고,
마음에 드는 이성을 만나면
사랑하고픈 마음이 저절로 생기고,
이성을 만나 사랑을 하면
그 사람과의 사이에서
아이를 갖고픈 마음이 저절로 생기고,
아이를 낳게 되면
그 아이에 대한
사랑스러운 마음이 저절로 생긴다.

달마대사는 자기를 찾아온 사람에게 왜 왔느냐고 묻는다. 마음이 아
파서 왔다고 하자 그 마음을 꺼내 보라고 했다. 그때 그 사람은 깨달음

을 얻었다고 한다. 존재하지 않는 것에 괴로워했던 자신의 모습을 봤기 때문이었다.

참으로 답답한 대화가 아닐 수 없다. 마음이란 몸의 변화로 의해 생겼다가 스러지고를 반복하는 존재다. 배고프면 밥 먹고픈 마음이 생겼다가 배가 부르면 그 마음이 사라지듯이, 보이지 않고 만질 수 없지만 분명히 존재하는 오장육부와 같은 또 하나 무형의 장기인데 달마와 그를 찾아온 사람은 그 마음의 실상을 보지 못한 것이다.

이와 같이 누구에게서
배우지 않아도
저절로 생기는 것이 마음이다.
위와 같은 현상으로 볼 때
마음이 몸의 변화에 따라
저절로 생기고 저절로 스러지는 것은
누구나 쉽게 알 수 있는 것이다.
왜 몸의 변화에 따라
마음이 생기는 것일까.
그것은 몸과 마음이 근본적으로
생명을 지향하기 때문이다.

생명을 지향함,
이것이 마음의 참모습이다.

생명보다 소중한 것은 없다.
그러므로 마음을 따르는 삶이
가장 가치 있는 삶이요,
가장 완전한 삶이요,
가장 위대한 삶이라고 볼 수 있다.
그러므로 마음을 따르면
마음이 가장 편안해진다.
그러므로 마음을 따르면
건강하고 행복한 삶을 살 수 있는 것이다.

하지만 사람들은 이런 완전한 마음을
따르기보다는 생각이 만들어낸
종교, 철학, 사상, 신화, 역학 등에 의해
마음과 생각을 혼동하며 불편하게 살고 있다.
마음과 생각을 구별하는
확실한 방법은 몸을 보는 것이다.
생각은 논리적 추리나
지식적 근거에 의해 생기지만
마음은 언제나 위대한 몸에
근거해서 일어나기 때문이다.

생각을 구별하는 것은 참으로 중요하다. 마음대로 사는 것과 생각대로 사는 것의 차이는 너무 크다. 그러므로 마음과 생각을 구분 못 하면 커다란 혼란과 모순에 빠지게 되는 것이다. 마음과 생각을 구분하기 위해서는 마음이 무엇인지를 명확히 알아야 하고, 마음이 무엇인지를 명확히 알기 위해서는 먼저 몸의 구조를 알아야 한다. 마음은 몸에 의해 일어나고 스러지기 때문이다.

몸의 구조

우리 몸은 이성을 만나 사랑을 하고,
아이를 잉태하고 낳아서
기를 수 있는 조건들이
완벽하게 갖추어져 있다.
이것은 때가 되면
짝을 찾아 사랑을 하고
아이를 낳으라는 뜻이다.
그러므로 사람은
때가 되면 몸의 변화에 따라
이성을 그리워해서
사랑을 하고 싶고
또 그 사랑의 결실로
아이를 갖고 싶어 하는 마음이
저절로 생겨나는 것이다.
그러므로 모든 생명체는
몸과 마음으로 구성되어 있으며
그 몸과 마음은
반드시 하나로 일치하는 것이다.

그래서 몸이 아프면 마음도 아프고,
마음이 아프면 몸도 아프다.
그러므로 몸과 마음은
따로 떼어내서 말할 수 없는 것이다.

그런데 종교에는 몸이 없다.
몸은 말하지 않고 마음과 영혼만 강조한다.
몸은 소중한 존재가 아니요,
극복해야 할 대상인 것이다.
그래서 독신, 금욕, 단식, 소식,
장시간 기도 고행 등으로 몸을 혹사시킨다.
그러다 병이 나면 괴로워하고
그 병을 고치기 위해 다시 기도하고,
그 병을 고치기 위해
병원에도 가고 약도 먹으니 참으로 모순이다.

이렇게 종교는 몸의 소중함을 모른다.
몸의 소중함을 모르니
마음을 제대로 알 리가 없다.
그래서 많은 종교가들이
"마음을 비워라. 마음을 버려라. 마음을 극복하라."라는
모순적인 말들을 하고 있는 것이다.

다시 언급하지만

몸이 존재하는 한

마음을 따로 떼어내서 말할 수는 없는 것이다.

아무리 오랜 세월을

쭈그리고 앉아서 도를 닦아도,

아무리 기도하고 빌어도

마음은 결코 떼어낼 수도

극복할 수도 없는 것이다.

이것은 마치

'위장아, 잠시 움직이지 마라, 대장아, 설사 좀 그쳐다오.'

하는 것처럼 어리석은 짓이다.

그러므로 벽만 보고 40여 년이나 수련했다는 지족 선사가 황진이의 단 한 번 유혹에 넘어가 파계를 하는 이상한 일이 일어나고, 세계적으로 2011년에서 2012년 한 해에만 아동 성추행만으로 성직을 박탈당한 사제가 무려 400명이나 생겨나는(《조선일보》 2014.01.18.) 있을 수가 없는 일들이 일어나는 것이다. 아동 성추행만으로도 이러하니 성인에 대한 추행까지 합하면 얼마나 많을까. 또 밝혀진 것만 이러하니 묻힌 것까지 합하면 얼마나 많을까.

떼어낼 수 없는 마음을

떼어냈다고 착각하고

떨어질 수 없는 마음을
떨어져 나갔다고 착각하고
떼어낼 수 없는 마음을
떼어내려 악을 쓰고
몸과 같이 분명히 내재하는
마음의 존재를 부정하고,
극복해서는 안 될 마음을 극복했다 하고
또 몸의 변화에 따라
생겼다가 사라지는 것이
마음의 참모습인데
이것을 제대로 보지 못하고
마음의 무상함만을 문제 삼으니
종교인들과 철학자들의 언행은
모순적일 수밖에 없는 것이다.

몸과 떨어진 마음은
마음이 아니고 생각이며
우리가 버리고, 비우고,
이겨내야 할 것은
몸과 역행하는 생각들이며
하루에도 수십 번씩
변덕을 부리는 것도 바로 이 생각이다.

나쓰메 소세키의 유명한 소설 『마음』은 제목을 '생각'으로 했어야 맞는다. 소설 내용은 숙부로부터 배신을 당한 주인공이 자기도 친구를 배신하고 자기에게 배신당한 그 친구가 자살을 하자 인간 자체에 혐오를 느껴 주인공도 자살한다는 이야기다. 변덕스러운 생각 탓에 이런 결말이 난 것을 작가는 마음으로 혼동한 것이다.

나쓰메는 인간 내면에 대한 갈등을 가장 잘 써서 일본의 셰익스피어라는 칭송을 받고 1,000엔짜리 지폐에도 등극되어 일본의 국민작가로 불렸지만 마음과 생각의 차이를 달마대사처럼 알지 못한 채 49세에 요절하였다.

철학은
몸도 마음도 없고 오직 생각만 강조한다.
"인간은 생각하는 갈대다.
나는 생각한다. 고로 존재한다."
이런 식으로 생각만을 강조한다.
생각은 사람마다 다르다.
따라서 어렵고 복잡하고
비현실적인 철학들이
생겨날 수밖에 없는 것이다.
또 생각은 자연이 아니므로 불완전하기에
생각이 만든 철학은
모두 어렵고 복잡하기 이를 데가 없는 것이다.

그러므로 이러한 생각들을 좇는
종교가, 철학가, 사상가들의 삶은
몸과 마음을 따르는 자연스러운 삶보다는
각자의 생각을 따르는
특이한 삶을 살 수밖에 없는 것이며
그러한 삶은
불완전한 생각에 근거를 두었으므로
그들의 삶은
어딘가 모르게 불안하고, 허전하고,
괴팍하고, 이상하게 보이는 것이다.

몸과 마음은 둘이 아니고 하나다.
마음은 형체가 없으니
몸을 보는 것이
마음을 보는 유일한 길이요,
몸을 따르는 것이
마음을 따르는 유일한 길이다.

신이 창조했건
조물주가 빚어냈건
진화에 의해 생겨났건
또는 자연의 조화에 의해 탄생했건

남녀가 각각 다른 몸을 갖고 태어나는 것은
이 몸을 따르며 살라는 뜻이지
이 몸을 어기고
살라는 뜻은 결코 아닐 것이다.
그러므로 남녀 간의 사랑으로
아기를 잉태해서 낳고 기르는 것이
가장 아름답고 신비로운 것이다.
그러므로 남녀 간의 사랑으로
얻은 생명 이외에
부자연스러운 생명 탄생에
특별한 가치와 의미를 부여하는
동정녀 이야기나
알로부터의 탄생 등의
종교나 신화, 전설은
무의미하고 잘못된 것이다.

생각을 버리고 몸을 보라.
편협한 지식을 버리고 몸을 보라.
책을 덮고 몸을 보라.
이보다 위대한 경전은 없다.
이보다 확실한 진리는 없다.
이보다 완전한 가르침은 없다.

행복의 소선, 하나

몸에 근거해서 마음이 일어나므로
몸을 따르는 것만이
마음을 따르는 유일한 길임을
몸의 구조를 통해 깨달았을 것이다.
행복이란 바로 이 마음이 편안한 것이다.
마음이 편안해야 건강할 수도
행복할 수도 있는 것이다.

마음이 편안하려면
마음의 두 가지 요구에 순응해야 한다.
그 하나는 이성 간의 사랑이요,
또 하나는 아이에 대한 사랑이다.
그러므로 우리의 마음이 편안하려면
먼저 누군가를 만나
아름다운 사랑을 해야 한다.
그렇지 않으면 외로움과 그리움으로 인해
늘 무겁고 적막한 삶을 살게 된다.
이런 삶 속에

행복은 있을 수가 없는 것이다.
아무리 종교적으로
철학적으로
독신과 금욕을 합리화해 보려고 해도
우리가 이러한 몸을 타고났기 때문에
이 몸을 따르지 않고는
결코 건강할 수도
행복할 수도 없는 것이다.

행복의 조건, 눌

아무리 몸과 마음이 일치하는
뜨겁고 아름다운 사랑을 했다고 해도
행복할 순 없다.
그 사랑으로 반드시
생명을 탄생시켜야 한다.
이것이 몸의 뜻(자궁, 정자, 난자)이며
동시에 마음의 뜻이며
위대한 자연의 질서이기 때문이기도 하다.
자연의 질서는 생명의 연속성에 있다.
생명체는 모두 같다.
식물과 동물들이
씨앗을 퍼뜨리기 위해
새끼를 낳기 위해 얼마나 애쓰는가를 보라.

꽃은 모두 화려하고 향기를 가진다. 벌과 나비를 유혹하기 위함이다. 그러므로 녹색의 꽃도 없다. 벌과 나비들이 혼동하지 않게 하기 위함이다. 풍매화는 수나무와 암나무의 모양이 각각 다르다. 암나무는 그릇처럼, 수나무는 가지처럼 생겼다. 대표적인 것이 은행나무다. 연어는 죽음을 무릅쓰고 산란을 위해 회귀한다. 동식물들의 모든 삶, 모든 행위 하나하나는 오직 후손을 잇기 위한 몸짓이다.

이것이 자연의 질서다.
몸을 가진 모든 생명체는
이 질서를 따라야 한다.
그러므로 이 질서에서 벗어나면
왠지 모르게 마음이 불편하다.
마음의 불편함,
이것이 자연의 질서를
따르지 않았을 때 받는 대가다.
마음이 불편하면
건강할 수도 없고
행복할 수도 없다.
몸에 역행해서
아이를 낳지 않은 삶은
마음을 불편하게 하는
매우 부자연스러운
삶이란 것을 깨달아야 할 것이다.

아이의 행복

앞에서 언급했듯이
우리 몸과 마음은
때가 되면 사랑을 해야 하고
또 그 사랑의 결실로 아이를 갖고 싶어 한다.
하지만 아이를 가졌다고만 해서
우리 마음이 편안하지만은 않다.
그 아이가 반드시 행복해야
우리 마음이 편안하다.
아이가 행복하기 위해서는
반드시 사랑하는 사람과의 사이에서
그 아이가 탄생해야 한다.
그래야 그 아이를 서로의 분신처럼
소중하게 여기고 사랑할 수 있기 때문이다.
그러므로 누군가와 교제 중에 있는 사람은
사랑에 대한 분명한 확신이 서기 전까지는
결코 아이를 갖지 말아야 할 것이다.

아이가 원하는 건 부모다.

다른 것은 다 그다음이다.

부모의 사랑,

아이들에게 이것은 절대적인 행복의 조건이다.

누구나 행복해야 한다.

아이들은 그 자체로

고귀한 생명체이기도 하지만

아이들의 행복과 불행이

그 가정, 그 사회, 그 나라

그리고 나아가

인류의 행복을 좌우하기 때문이다.

세상의 숭심

따라서 세상에서
가장 소중한 존재는 아이들이다.
아이를 낳는 것도 중요하지만
건강하게 낳는 것이 더 중요하다.
젊은이들은 언젠가
아이를 잉태할 예비 부모인 것이다.
그러므로 항상 이 점을 염두에 두고
몸에 해로운 담배, 과음 등을 삼가서
불임이 되지 않도록 또 미래의 아이가
기형이나 허약한 아이로 태어나지 않도록
늘 건강에 유의하고 노력하여야 할 것이다.
아이들이 없는 세상
씨앗이 없고, 새끼들이 없는 세상
그것이 진정한 종말이지
종교에서 주장하는 공상 같은 종말은
허구일 뿐이다.

생각을 내려놓고 마음으로 사는 법

하지만 세계의 인구는 나날이 늘어나고 있다. 그러므로 인구 증가로 인한 부작용을 우려해서 아이들을 적게 낳거나 경제적인 이유나 건강상의 이유 등으로 아이를 훌륭하게 키울 자신이 없어 아이를 갖지 않는다면 모르되 그 외에는 그 어떤 종교적, 철학적 이유로도 몸의 구조에 역행하는 금욕주의, 독신주의, 허무주의 따위가 진리가 될 수 없다.

정서불안의 실제

호수가 고요하려면
물결이 없어야 한다.
거울이 맑으려면 때가 끼지 않아야 한다.
마음이 편안하려면 생각이 사라져야 한다.
생각이란 곧 호수에 이는 물결이요,
거울에 낀 때와 같은 것이다.

정서란 한마디로
마음의 상태를 말한다.
그러므로 정서불안은
마음이 불안정한 것이다.
마음의 불안정은
생각 때문에 생긴다.
생각이 너무 많거나
생각이 너무 깊어
그 생각이
완전하고 아름답고 순수한 마음을
흔들고 오염시키기 때문에 정서불안이 생긴다.

생각을 내려놓고 마음으로 사는 법

그러므로 이러한 사람은
마음이 안정되지 못하므로
이상한 짓 나쁜 짓을 하거나
갈팡질팡 좌충우돌하는 모습을
보일 수밖에 없는 것이다.
그러므로 정서가 불안한 사람들은
마음의 고요함을 모른다.
고요함을 모르니 편안함을 모르고
편안함을 모르니
행복도, 건강도 얻을 수가 없는 것이다.

엄마의 중요성

부모의 사랑은

아이들에게 절대적인 것이다.

하지만 아이에게 있어

엄마는 아빠보다 더 소중한 존재다.

엄마의 사랑을 받지 못한 아이는

행복을 모른다.

행복이란 마음이 편안한 것이다.

마음의 편안함은

마음의 고요함에서 오는 것이니

엄마의 사랑을 받지 못하면

정서불안으로 인해

마음의 고요함을 얻기가 참으로 어려운 것이다.

생각을 내려놓고 마음으로 사는 법

정서불안이 생기는 이유

정서불안은
불안정한 환경으로부터 생겨난 생각들이
순수한 마음을 오염시키는 데서 온다.
불안정한 환경은 왜 생겨나는가.
그것은 엄마의 사랑을
받지 못한 원인이 가장 크다.
엄마의 사랑보다 큰 것은 이 세상에 없다.
엄마의 사랑은 너무 큰 것이기에
사실상 아이들의 행복과 불행은
엄마의 사랑에 의해 좌우된다고 해도
결코 과장된 말이 아니다.

엄마 사랑의 소중함

배 속에서의 열 달이
아이의 정서에 미치는 영향도 크지만
태어났을 때 엄마의 보살핌 또한
아이의 정서에 매우 큰 영향을 미친다.
사람은 편안하면 아무 생각도 없게 된다.
또 아무 생각이 없어야 편안하다.
아이는 배 속에 있을 때
매우 편안함을 느꼈을 것이다.
그러나 출산의 고통을 겪은 후에
세상에 나온 아이는 불안함을 느끼게 된다.
따라서 본능적으로 배 속에 있었을 때의
편안함을 되찾기 위해 손, 발을 더듬으며
자궁 속에서 느꼈던 체온과
심장소리와 목소리와
그 외에 엄마로부터 지속적으로 느꼈던
어떤 기운을 찾게 된다.
이때 엄마가 따뜻한 가슴으로
감싸준다면 아이는

배 속에 있었을 때와 같은
기운과 체온을 느끼고
다시 편안함을 얻게 될 것이다.

하지만 태어났을 때
엄마가 감싸주지 않는다면
아이는 불안하게 된다.
불안이란 마음이 편안함을 잃은 것이다.
마음의 편안함은 불안정한 환경과
그 환경으로부터 생겨난 생각들이 빼앗아간다.
그러므로 엄마의 사랑을
듬뿍 받지 못한 아이는 생각이 많아져
그 생각으로 인해
마음이 오염되어
정서가 불안정한 아이로 자라나게 되는 것이다.
이와 같은 상황으로 볼 때
엄마의 사랑이
아이의 정서에 미치는 영향은 절대적이다.

어린 시설의 예민함

죽음과 삶의 차이는 예민함에 있다.
죽은 자는 완전히 둔한 것이요,
반신불수인 사람은 반이 둔한 것이다.
그러므로 건강하고 생명력이
많을수록 예민하다.

아가는 생명력으로 가득 차 있다.
그래서 아가는 매우 예민하다.
갓난아가 때도,
배 속에 있을 때도 예민하다.
따라서 어렸을 때 받은 충격일수록
정서에 미치는 영향이 크다.
아가는 모두 알고 있다.
생각으로 아는 것이 아니고 감각으로 안다.
생각으로 아는 것은 지식에 불과해서
시간이 지나면 곧 잊히지만
감각으로 안 것은 온몸에 스며든 것이기에
오랜 세월이 흘러도 결코 사라지지 않는다.

생각을 내려놓고 마음으로 사는 법

따라서 그 감각은
죽을 때까지 평생을 함께하는 것이다.

아가는 모두 알고 있다.
어려서 아무것도 모를 것이라는 생각은
참으로 위험한 생각이다.
그러므로 태아 시절과
어린아가 시절에 엄마의 역할은
참으로 중요한 것이다.

태교와 육아의 중요성

정말 중요한 것은 기억할 수 없다.
잠들었을 때를 기억하는 사람은 없다.
하지만 그때 우리 몸은 완전히 정화된다.
배 속에 있었을 때와
갓난아이 시절을 기억하는 사람은 없다.
하지만 그때 평생을 함께할
몸 상태(발육)가 결정된다.
몸에 의해 마음이 일어나므로
그때 마음의 상태(정서)도
거의 결정된다고 볼 수 있다.

뿌리 없는 가지와 잎이 있을 수 없듯이
그 사람의 정서는 몸이 만들어지는
태아 때와 갓난아이 시절에
거의 형성되는 것이니
태교와 육아법은 참으로 중요하다.
그래서 우리 속담에
세 살 버릇 여든까지 간다고 한 것이다.

태교

사람들은 태교라고 하면
수시로 무슨 고상한 음악을 듣는다거나
멋진 시를 읽는다거나
또는 아름다운 그림 따위를 감상해야 하고,
끊임없이 배 속의 아이와
대화를 해야 한다고 알고 있다.
물론 이러한 것도 태교에 도움이 될 것이다.
하지만 태교에 있어 가장 중요한 것은
태아의 편안함에 있다.
보이지 않는 배 속의 아이에게
편안함을 느끼게 해주는 방법은 간단하다.
그것은 임신한 엄마가 편안하면 된다.

임신한 엄마의 편안함을 방해하는
요인은 여러 가지가 있겠지만
그중에서도 남편과의 불화
또는 시댁 식구들과의 갈등이
가장 큰 요인이 될 것이다.

이런 갈등을 겪다가
태어난 아이들을 유심히 보면
신체적으로나 정서적으로
반드시 문제점을 갖고 있다.

내 주변에 어떤 사람이 임신 중에 시어머니와의 갈등으로 가출한 경험이 있었다. 그때 배 속에 있었던 아이가 자라서 일곱 살 때 암 진단을 받았다. 이것은 임신 중에 있었던 시어머니와의 갈등과 매우 관계가 깊다고 볼 수 있다.

산모가 편안하면 배 속의 아이도 편안하고
산모가 불안하면 배 속의 아이도 불안하다.
산모와 태아는 완전한 하나인 것이다.

생각을 내려놓고 마음으로 사는 법

육아법

태아를 편안히 해주는 것이
가장 좋은 태교이듯이
아기를 편안히 해 주는 것이
가장 좋은 육아법이다.
아기는 언제 편안함을 느끼는가?
그것은 엄마와 하나 되어 있을 때다.
엄마 품에 안겨 있을 때,
엄마 등에 업혀 있을 때,
엄마 손을 잡고 있을 때,
엄마 목소리를 듣고 있을 때,
엄마 눈을 보고 있을 때,
엄마 몸을 어루만지고 있을 때,
엄마가 어루만져 줄 때,
엄마 젖을 빨고 있을 때일 것이다.

하지만 독립성을 길러준다는
명분과 풍습 등으로 인해
어려서부터 엄마와 분리되어

자라난 아이들은 어른이 되어도
결코 마음의 편안함을 얻지 못한다.
서양인들에게 많았던
자폐증, 폭력, 자살, 우울증,
약물중독, 정신질환 등은
육아법과 밀접한 관계가 있는 것이다.
하지만 지금은 우리나라도 서구화되어서
똑같이 이러한 질병에 시달린다.
안타까운 일이다.
엄마의 사랑보다 훌륭한 육아법은 없다.
따라서 아기는 그 어떤 이유로도
엄마로부터 떨어져서
성장해서는 안 되는 것이다.
아기뿐만이 아니다.
아이들도 가능한 한 오랫동안
엄마와 같이 자는 것이 좋다.
몇 살까지
엄마와 같이 자야 하는가에 대한 기준은 없다
사랑을 충분히 받은 아이들은
때가 되면 스스로가
엄마로부터 떨어져 자게 될 것이다.
그러므로 갓난아기를

떼어 놓고 부부끼리만 같이 자는
서양식 잠자리 문화는 반드시 고쳐져야 한다.

엄마의 사랑보다 큰 지혜는 없다.
이렇게 늘 엄마와 하나가 돼서
엄마와 살을 맞대며 자란 아이는
정서가 안정되어 있으므로
결코 악하거나 공격적이지 않다.
이렇게 자란 아이는
어려운 상황에서도 결코 좌절하지 않는다.
이렇게 자란 아이는
마음의 편안함이 무엇이라는 것을 안다.
이렇게 자란 아이는
정서가 안정되어 있으므로
작은 것에도 만족하게 된다.
이렇게 자란 아이는 결코
부모에게 의지하는
의타적인 아이로 성장하지 않는다.
오히려 때가 되면
저절로 부모로부터 떨어져
누구보다도 강하게 독립하게 될 것이다.

서양식 육아법

서양 사람들은 분류하는 것을 좋아한다.
이것은 그들의 육아법과 관계가 깊다.
서양의 아이들은
태어나면서부터
엄마와 분리되어 자라기 때문이다.
서양의 엄마들은 아기를 떼어 내서 키운다.
아기를 업거나 안는 것보다
유모차에 태우길 좋아한다.
아기는 엄마 젖을 빨지 않고
우유병 꼭지를 빨며 성장한다.
걸음마를 배울 때는
엄마 손을 잡지 않고 보행기를 이용한다.
잘 때는
엄마 품에서 자지 않고 따로 잔다.

이러한 육아법은
엄마와 아기를 분리시켜
서로의 교감을 차단한다.

그러므로 이러한 육아법은

아기의 불안을 초래한다.

아기는 본능적으로

언제나 배 속에 있을 때의

감각을 그리워한다.

자궁 속에서 느꼈던

엄마의 체온, 심장소리, 목소리

그리고 엄마에게서만 느꼈던 독특한 기운,

아기는 이런 것들과의

지속적인 만남이 유지되어야 편안함을 느낀다.

10개월간 자궁에서의 생활은

매우 길고 소중한 시간으로

그때 느낀 체온, 목소리,

어떤 기운 같은 것은 자라면서

서서히 잊혀야지,

어느 날 하루아침에 두 동강 나듯이

분리되어서는 안 되는 것이다.

엄마와 분리되거나

엄마를 잃은 아기는 불안을 느낀다.

불안이란 생각이 많은 것이다.

엄마는 어디 있을까?

왜 나는 혼자 떨어져 있는 것일까?

엄마의 목소리, 심장박동 소리는

왜 안 들릴까?

엄마의 그 따뜻한 체온은 어디로 갔을까?

서양의 육아법은

이렇게 아기를 불안하게 만든다.

그러므로 이렇게 자란 아이는

감각이 둔화되어

생각적인 아이로 자라나게 된다.

그래서 서양인은 정서가 불안하다.

정서불안의 대표적인 증상은

가만히 있지 못하는 것이다.

생각이 많으니 가만히 있을 수가 없다.

그래서 몸과 마음을 따르는

자연적인 삶보다는

생각적인 삶을 살 수밖에 없는 것이다.

생각이란 학문을 구성하는 골격이다.

그래서 거의 모든 학문은

서양에서 발달했다.

생각이 만든 심리학, 해부학, 유전공학, 전자공학, 화학, 기계공학, 수학, 법학, 철학, 영양학, 물리학, 약리학 등등의 분석학들이 그것이다. 또 정서불안은 편안함을 모르니 편안함을 얻기 위해 무슨 짓이든 계속해야만 한다. 그래서 수많은 '짓'들을 만들었으니 그것이 오늘날의 수많은 발명품들이요, 오락들이요, 문명이다. 하지만 그 '짓'은 여기서 그치지 않고 끝을 모르고 질주하고 있다. 목숨을 담보로 하는 광란의 자동차 경주, 심장을 압박하는 번지점프와 같은 이상한 오락들, 생명을 조작하는 유전자공학, 저질스럽기 이를 데 없는 성 문화 등등이 실험 정신과 모험심과 호기심과 창의성과 개성이라는 미명 아래 벌어지고 있는 것이다.

서양뿐만 아니라 동양에도 이러한 나라가 있으니 그 나라가 일본이다. 일본에서는 한 살이 될 때까지 내 아이가 아니라는 이상한 풍습이 있어 첫돌이 될 때까지 아이를 따로 재운다고 한다. 태어나서 첫돌이 될 때까지는 정서 안정에 절대적인 매우 중요한 시기다.

그래서 그런지 일본은 어딘가 모르게 이상하다. 저질스럽기 이를 데 없는 성 문화, 서양을 능가할 정도로 발달하는 물질문명, 지난날의 엄청난 대학살에 대해서 조금도 반성하지 않는 비양심, 아직도 죽지 않고 꿈틀거리는 군국주의 등등. 일본의 이러한 정서불안의 원인도 결국은 아이를 따로 재우는 풍습에 그 근본 원인이 있다고 볼 수 있을 것이다.

우리는 아이가 태어나면 온 동네 잔치를 열고, 21일 전까지는 가족 이외에 아기 곁에 갈 수 없으며, 부정 타지 않도록 숯과 고추를 엮어 대문에 걸어둔다. 그리고 백일에 성대한 잔치를 하고 또 돌이 되면 큰 잔치를 한다.

우리 민족이 첫돌 때까지 얼마나 아기들을 소중히 키우는지를 비교해 보면 일본이 왜 그러한 국민성을 갖게 되었는지 이해가 갈 것이다. 사촌까지도 결혼을 허용하는 근친도 한몫을 한다. 물론 일본의 국민성은 잦은 지진, 화산폭발, 태풍 등의 환경적인 원인도 많다. 환경도 정서 안정에 매우 중요한 요소다.

서양인들의 정서가 불안한 생각으로 만든 모든 학문, 운동, 오락, 발명품들은 결국 자연과 인간을 분리시켜 지금 인류는 생태계와 환경파괴, 인간성 상실로 인해 존멸의 위기를 맞고 있는 것이다.

(보행기 사용은 매우 신중해야 한다. 보행기는 아기들의 성장 과정 중에서 배와 무릎으로 기는 과정을 없애 버리기 때문이다. 모든 것은 반드시 순서가 있는 것이다. 배로 기는 과정을 거친 후에 무릎으로 기고, 그다음에 벽을 짚고 서고, 그다음에 홀로 서는 것이다. 이렇게 홀로 서기까지 넘어지고 쓰러지는 실패의 과정을 거쳐야 몸이 자연스럽게 성장하고 머리가 트이고, 어떤 지혜가 생기는 것이지 보행기 따위에 의해 편안하게 서는 것은 결코 바람직하지 못하다.)

재능보다는 정서가 중요하다

행복의 조건은 정서 안정에 있다.
정서의 안정 없이 쌓은
학력, 재물, 재능, 명예 따위는
행복에 큰 영향력을 주지 못한다.
학교에서 배운 위인들 중에는
자살자, 술 중독자, 매독 감염자, 정신병자,
위선자 등이 많은데
이 불행의 원인이 바로 정서불안인 것이다.

예를 들어 보자.
어린이 교육의 중요성을 외치면서
자신의 아이들은 다섯 명 모두를
고아원에 보낸 장 자크 루소,
자기 집 하녀와의 사이에서
사생아를 낳고 낭비벽으로
가족들을 괴롭힌 칼 마르크스,
자살한 문학가 버지니아 울프,
작가 헤밍웨이,

화가 빈센트 반 고흐,
정신병을 앓았던 작곡가 슈만,
시인 T. S. 엘리엇과 에밀 졸라,
자살을 기도했던 작가 막심 고리키,
평생을 독신으로 산
파스칼·키에르케고르·니체·칸트·쇼펜하우어,
매독 감염자였던
소설가 톨스토이와 모파상, 화가 고갱,
미성년자를 성추행한
구조주의 철학자 미셸 푸코.
이들은 재능은 뛰어났지만
결코 행복한 삶을 살았다고
볼 수 없는 것이다.

많은 사람들은
천재에 대해 높게 평가하는 경향이 있다.
그래서 이상한 태교법이나
무리한 조기교육 등을 통해
자신의 아이들을
천재적으로 만들려고 노력하고 있다.
하지만 천재란 어떻게 보면
한쪽으로 치우친 것이라고 볼 수 있다.

세상은 공평하다.

한쪽이 뛰어나면

다른 한쪽이 뒤떨어지게 마련이요,

앞이 양지라면 뒤는 응달인 것이다.

따라서 천재들은

어느 한 가지 방면에서는

뛰어난 능력을 보이지만

그것은 자연의 관점에서 보면

전체적인 균형이 깨진 상태이므로

대개가 불우한 삶을 살게 되는 것이다.

앞에서 소개한 천재들의 삶이 그러하고,

급속히 발전한 문명이 그러하다.

무구한 세월 속에서 이루어진

자연에 비추어 보면

천재란 일종의 돌연변이라고 할 수 있다.

돌연변이란 갑자기 생겨난 것이요,

갑자기 만들어진 것이다.

갑자기 생겨난 것,

갑자기 만들어지는 것들은

반드시 부작용을 가져오는 것이다.

따라서 조기교육을

심하게 받은 아이들 중에는

정서불안으로 인해

언어장애나 판단력 혼란 등의

부작용을 얻기도 하는 것이다.

또 어렸을 때는

뛰어난 지능을 자랑하던 아이가

성장해서는 오히려

보통 아이들보다 못한 경우도 많이 있다.

지능 발달이든, 감성 발달이든

모든 것은 자라가면서

몸의 성장과 병행하며

서서히 발달해야 하는 것이다.

냉정히 보자.

돌연변이와 같은 많은 천재들이

갑자기 만들어낸 문명이

자연과 인간을 결국 어떻게 만들었는가?

행복의 조건은 정서의 안정에 있다.

정서의 안정은 마음의 고요함에서 온다.

마음이 고요하면 많은 것이 필요 없다.

역마살이 낀 사람처럼

여기저기 돌아다니지 않고,

괴상한 예술 따위에 집착할 필요도 없고,

문명이 만들어낸 물질에 집착하지도 않는다.
마음이 고요하면 앉아 있는 그 자리,
서 있는 그 자리가
곧 행복이요, 깨달음의 자리다.
마음만 고요하면
물소리, 새소리, 바람소리에서도
무한한 즐거움을 얻을 수 있는 것이다.

진정 아이를 어떤 방면에 인재로 키우려면
초조기교육을 해야 한다.
철학자 프로이트는
"사람은 무의식으로 산다."라고 했다.
하지만 수천 년 전 이미 깨달은 우리 조상들은
"세 살 버릇 여든까지 간다."라는 말을 했다.
세 살 이전에
삶을 결정하는 정서와 재능이
거의 결정된다고 본 것이다.
세 살 이전을 기억할 수는 없다.
하지만 우리가 기억할 수 없을 때
우리의 삶을 좌우하는 정서,
즉 무의식이 형성된다는 놀라운 진리를
수천 년 전

우리 조상들은 이미 깨달으신 것이다.
세 살 이전에 음악을 많이 듣고 자라면
절대음감의 소유자가 될 확률이 높다.
그러므로 세 살 이전의 초조기교육이
세 살 이후의 조기교육보다
효과적일 것이며
아이가 조기교육으로 인해
얻을 부작용을 갖지 않게 하는
안전한 교육법이 될 것이다.
세 살 이전의 무의식 상태는
마치 도화지와 같기에
모든 것을 받아들일 수 있기 때문이다.
하지만 의식이 생겨나면
많은 것을 배울 수가 없다
생각이라는 것이 방해하기 때문이다.

부자연스러운 성장 과정

엄마 품에서 엄마의 사랑을 받으며
성장하는 것이 자연스러운 성장 과정이라면
이와는 반대로
엄마의 사랑을 제대로 받지 못하고
성장하는 것은
부자연스러운 성장 과정이라고 할 수 있다.
이렇게 부자연스러운 성장 과정 속에서
자란 아이들은 자기도 모르게
그 부작용으로 인해 매우 힘든
삶을 살게 된다.

엄마의 사랑을 충분히 받지 못한 사람은
왠지 모르게 늘 가슴이 허전하다.
그래서 주색에도 빠져보고
때론 종교, 철학, 사상 등으로
그 허전한 가슴을 달래 보려 하지만
그 어떤 종교, 철학, 사상도
그 허전한 가슴을 달래 줄 수가 없다.

엄마의 사랑은 너무나 큰 것이기에
이 세상의 그 어떤 것도
부모의 사랑 부족으로 인해 생긴
가슴의 공백을 채워 주기가 힘들다.

부자연스러운 성장 과정은
비록 엄마와 분리돼서 자라는
육아 과정뿐만은 아니다.
어머니를 일찍 여의었다거나
어려서 엄마와 떨어져 성장했다거나
어려서 심한 병에 걸렸었다거나
화목하지 않은 가정에서 자랐다거나
어린 나이에 받아들이기 힘든
어떤 충격적인 사건을 체험했다거나
아이답게 자라지 못하고
억눌려 자랐다거나
부모나 주위 사람들로부터
늘 칭찬만 받으며
과잉보호 아래 자랐다거나
어린 나이에 걸맞지 않게
재능 위주의 조기교육을
무리하게 받았다거나

어린 나이에 받아들이기 벅찬

어떤 종교, 철학, 사상 따위의 영향을

일찍부터 받고 자랐다거나 등등일 것이다.

이렇게 자라난 아이들은

비록 재능이 뛰어나고,

머리가 아무리 좋다고 하더라도

정서가 불안정하므로

진정한 행복을 알기가 어렵다.

진정한 행복은

재물, 재산, 명예에 있는 것이 아니라

마음의 고요함에서 오는 것이기 때문이다.

사랑받고 사란 아이의 삶

사랑받고 자란 아이는
자연스러운 삶을 산다.
이렇게 자란 아이는
정서가 안정되어 있으므로
나서부터 죽을 때까지
마음의 고요함을 잃지 않는다.
마음이 고요하므로
어렵고, 특이하고,
이상한 종교, 철학, 사상 따위에
깊이 빠질 이유가 없다.

우리 민족은 종교를 믿어도
외국 사람들처럼 깊게 빠져서
전쟁을 불사하는 분쟁 따위를 하지 않는다.
그것은 우리 민족은 대개가
어머니로부터 많은 사랑을 받으며
성장했기 때문인 것이다.
이렇게 자란 아이는 작은 것에도 만족하고

생각을 내려놓고 마음으로 사는 법

남을 해칠 줄 모르고
힘들어도 자포자기하지 않고
자격지심이나 우월감을 갖지 않는다.
비록 실수로 탈선을 하더라도
절대 깊이 들어가지 않고 곧 헤쳐 나온다.
따라서 이렇게 자란 아이의 삶은
매우 평범하고 소박하고
검소한 삶을 살게 된다.
하지만 몸과 마음만은
편안하기 이를 데 없는 행복한 삶인 것이다.

그러나 부모의 사랑을
충분히 받지 못하고 자란,
특히 엄마의 사랑을
충분히 받지 못하고 자란 아이들은
생각이 산만하여
정서불안에 빠지기 쉽다.
또 이런 사람들은 젊어서 할 일이 있을 때,
재능이 있어 남에게 인정을 받을 때는
잘 느끼지 못하지만
늙어 할 일이 없어지거나
사람들로부터 관심이 없어지거나

역경에 부딪쳤을 때

그 위기를 극복하지 못하고

자포자기하거나 우울증에 걸리기 쉽다.

그러다가 마음의 고요함을 얻기 위해

종교, 철학, 사상 따위에 관심을 갖고

부자연스럽고 이상한 삶을 추구해 보기도 한다.

하지만 앞에서 언급했듯이

그런 것들로 마음의 고요를 얻기가

참으로 힘든 것이다.

그러므로 종교, 철학, 사상가들이

그러한 삶을 살게 된 것 역시

부자연스러운 성장 과정을 갖고 있기 때문이다.

따라서 종교, 철학, 사상가들의

삶을 이해하기 위해서는

그들이 남긴 주장이나 논리만을 보지 말고

그들의 어릴 적 성장 과정을

보는 것이 우선되어야 한다.

가정의 중심

따라서 아이를 잉태했거나
어린아이가 있는 집에서
엄마의 역할은 참으로 중요한 것이다.
엄마가 편안하지 않으면
육아나 태교가 제대로 될 수가 없다.
엄마가 배 속에 있는 태아나 갓난아이에게
사랑을 듬뿍 쏟기 위해서는
엄마가 누구보다도 편안해야 한다.
그러므로 가정의 중심은
엄마가 되어야 하는 것이다.
생명보다 소중한 것은 없기 때문이다.

엄마는 천사

사람은 백 사람이 있으면
백 사람 모두 생각이 다르다.
생각이 다르므로
서로 하나 되지 못하고 싸우게 된다.
부부도 이런 이유로
사이좋게 지내지 못하는 경우가 매우 많다.
어떤 경우에는 아내가
원수처럼 보일 수도 있을 것이다.
하지만 아내가 나에게는 원수라 해도
아이들에게 있어서는
천사라는 사실을 잊어서는 안 된다.
아이들에게 소중한 사람은 아빠보다도 엄마다.

아이들이 엄마 배 속에서 열 달간 있었고,
엄마 품에서 잠이 들고,
엄마 젖을 빨며 성장했었다는 사실이
얼마나 큰 의미를 내포하고 있는지,
생각으로는 결코 알 수가 없는 것이다.

생각을 내려놓고 마음으로 사는 법

결혼의 중요성

세상에는 소중한 일이 많이 있지만
그중에서 결혼만큼 소중한 일은 없을 것이다.
결혼을 하면 두 사람 사이에서
아기라는 고귀한 생명이 탄생하기 때문이다.

앞에서 소개한 것처럼
사람에게는 누구나 완전한 마음이 있다.
가장 이상적인 만남은
마음에 걸림이 없는 결혼일 것이다.
하지만 왠지 모르게 이상한 느낌이 든다면
그러한 사람과의 결혼은
신중하게 결정해야 한다.
아무리 나를 좋아해도,
아무리 조건이 좋아도,
뭔가 이상하게 느껴지는 것이 있다면
그런 사람과의 결혼은 피해야 한다.
결혼을 늦게 하는 한이 있더라도,
차라리 결혼을 못 하는 한이 있더라도

순결한 아기를 불행하게 만드는 것보다는
그 길이 나을 것이다.

뭔가 이상하게 느껴지는 것은
완전한 우리의 마음에
어긋나는 현상이 보이기 때문이다.
하지만 사람들은 이러한 현상을 무시하고
생각으로 결혼을 한다.
내가 정성으로 대하면 고쳐지겠지,
나이가 더 들면 철이 나겠지,
나를 저렇게 좋아하니 결혼하면 달라지겠지,
아기가 생기면 달라지겠지….

이러한 당신의 생각은
거의 맞지 않을 것이다.
왜냐하면 생각의 본질은
착각, 허상, 망상이 대부분이기 때문이다.
물론 당신의 생각대로 변할 수도 있을 것이다.

하지만 사람이 변한다는 것은
참으로 어려운 일이다.
오죽하면 "세 살 버릇 여든까지 간다"는
속담이 있겠는가.

가장 나쁜 짓

아이가 없으면 모르되
아이가 있다면 반드시 사랑해야 한다.
나쁜 짓을 일삼는 대개의 사람들은
부모에게 사랑받지 못한
불우한 성장 과정을 갖고 있다.
불우하게 자란 아이들이
얼마나 큰 충격을 받는가에 대해
생각으로 알려 하지 마라.
수시로 밀려오는 고독감,
가슴이 터질 것 같은 답답함,
세상이 텅 빈 것 같은 허전함,
삶에 대한 회의감,
닥치는 대로 때려 부수고 싶은 폭력성,
이런 것들을
티 없이 맑은 아이들에게 주고 싶은가.

현대 사회는 갈수록 경쟁이 심화된다.
사랑받고 자라도

사회에 적응하기가 쉽지 않은데
불우하게 자란 아이들이
장차 사회생활에 적응하기가
얼마나 어렵겠는가.
또 그 아이들이 커서
범죄자라도 된다면
이 사회에 끼치는 해악은 또 얼마나 크겠는가.
그러므로 아이를 사랑하지 않는 것처럼
큰 죄악은 없는 것이다.
따라서 가능한
아이들이 결혼해서
독립된 가정을 가질 때까지만이라도
아이들이 부모로 인해
불우해지지 않도록
최선의 노력을 다해야 할 것이다.

사람은 가정을 갖고
아이를 낳게 되면
부모의 영향을 거의 받지 않는다.
'내리사랑'이라는 말이 있다
이것이 마음의 구조이기 때문이다.

유산

부모가 아이들에게 남길 것 중에서
가장 소중한 것이 있다.
그것은 건강이다.
부모가 건강하게 살다가 건강하게 죽는 것,
이보다 값진 유산이 있을까.
건강하기 위해 힘쓰는 것은
오래 살기 위한 것보다
건강하게 살다가 건강하게 죽기 위한 것이다.
중병으로 고생하다 죽거나
아이들만 남기고 일찍 죽으면
본인의 고통도 크지만
아이들이 겪는 고통은 또 얼마나 크겠는가.

건강을 소홀히 하면서
입으로만 자식 사랑을 외치는
부모가 되어서는 아니 될 것이다.
진정으로 자식들을 사랑한다면
건강에 힘써야 할 것이다.

생각을 내려놓고 마음으로 사는 법

건강하게 살다가 건강하게 죽는다면
아이들 또한
건강하게 살다가 건강하게 죽을 것이다.
그런 부모를 보고 자란 자식들은
건강을 해치는 짓을 할 땐
부모님들을 떠올리며
자신이 무엇을 잘못하고 있는가를
남들보다 빨리 깨닫게 될 것이고,
또 병이라도 들면 남들보다
더 부끄러워할 것이다.
부모는 아이들의 길인 것이다.

이혼에 내하여

사랑하는 사람들이 만나 백년해로한다면
이보다 더 좋을 수는 없을 것이다.
하지만 때로는 심각한 성격 차이로 인해,
또는 다른 여러 가지 이유들로 인해
헤어지지 않으면
아이들이 부모와 함께 사는 것보다
더욱 불행해질 수 있는
경우도 많이 있을 것이다.
그런 헤어짐이라면 빠를수록 좋을 것이다.
그리고 가능한 한
아이를 낳기 전에 헤어지면 더욱 좋을 것이다.

만약 아이가 있어 이혼을 할 때는
법과 풍습이 어찌 되었건
아이들은 가능한 한 엄마가 맡아야 할 것이다.
물론 때때로 엄마가 아빠보다
더 아이를 사랑하지 않는 경우도 있을 것이니
그럴 땐 어쩔 수가 없을 것이다.

생각을 내려놓고 마음으로 사는 법

이혼이 나쁜 것만은 아니다.

오히려 부부 사이가 좋지 않은 가정에서

불안하게 자란 아이보다도

편부모 슬하에서 자란 아이가

훨씬 더 정서적으로 안정되는 것이다.

이혼에 대해

이분법적인 편견을 갖고 바라보지 말기 바란다.

이혼을 하든 별거를 하든

어떤 지혜를 짜내서라도

자신과 아이들이 모두 행복할 수

있는 길을 찾아야 할 것이다.

내가 행복해야

아이들에게도 잘할 수 있기 때문이다.

아이들은 천사

아이들을 보라.

그 순수함, 그 귀여움,

그 천진난만함, 그 사랑스러움.

만약에 천사가 있다면

틀림없이 아이들은 닮았을 것이다.

그 천사가 사는 곳, 가정은 천국이다.

천국을 멀리서 찾지 마라.

당신에게 훨훨 날아온

이 맑고 곱고 순결한 생명이

장차 우울하고 슬프게 살아갈 것인가,

아니면 즐겁고 행복한 삶을

살아갈 것인가는

모두 당신 손에 달린 것이다.

아이들보다 큰 것은 세상에 없다.

부부간의 자존심, 의견 차이,

성격 차이 등등으로 서로 헤어지기도 하고

싸움도 할 수 있다.

하지만 아무리 부부 사이가 나쁘더라도

부부간의 일들로 인해

아이들의 가슴을 멍들게 하는

나쁜 짓을 저질러서는 안 된다.

부모보다 소중한 손재

아이에게 삶의 초점을
두지 않고 사는 사람들은
아이가 얼마나 소중한 존재인지
모르기 때문이다.

아이는 공기와 같다.
우리가 늘 공기를 마시면서
생활하고 있지만 공기의 존재를
의식하지 못하다가
어느 순간 공기의 부족함을 느꼈을 때
공기의 존재가
얼마나 큰 것인가를 깨닫듯이,
아이들에게 소홀한 사람들은
언젠가는 아이들의 불행으로 인해
아이들이 자신의 삶에
얼마나 큰 존재였던가를 깨닫게 될 것이다.
하지만 그때는 아무리 뉘우치고
후회해도 이미 늦은 것이다

생각을 내려놓고 마음으로 사는 법

우리 속담에
"아이가 죽으면 가슴에 묻고,
부모가 죽으면 땅에 묻는다"는 말이 있다.
또 '내리사랑'이란 말도 있다.
또 "자식 이기는 부모 없다"는 말도 있다.
이 말들은 마음의 모습을
잘 그려낸 말들이다.
참으로 이 말들은 진리 중의 진리다.
참으로 이 말들은 자연스러운 말이다.
그러므로 이러한 진리에 따르지 않고
종교, 철학, 사상 따위의 생각들에 현혹되어
아이를 돌아보지 않는
어리석은 짓을 하게 되면
반드시 후회하게 되는 것이다.

많은 사람들이 불효를 명분 삼아
아내와 헤어진다거나 아내를 구박하면서도
그것이 얼마나 어리석은 짓인지를
깨닫지 못하는 것은
효를 가장 큰 덕으로 삼는 유교적 사상에
오염됐기 때문이다.
하지만 효보다 더 소중한 것이 생명이다.

생명은 항상 미래를 지향한다.

그래서 '내리사랑'인 것이다.

냉철하게 보자.

효는 과거다.

그러므로 유교는 과거 지향적이다.

그러므로 유교는 생명과 자연의 질서에

역행하는 생각이라 할 수 있다.

그러므로 효를 최고의 덕으로 꼽았던

공자의 사상은

미래를 지향하는 마음의 질서에 어긋나기에

진리라고 할 수가 없는 것이다.

공자는 또한 여자 폄하 사상을 가지고 있었다.

『논어』에

"여자는 다루기 어려워 가까이하면

버릇이 없어지고 멀리하면 원망한다."라는

말이 있다.

공교롭게도 공자도 결혼 1년 만에

이혼을 하고 그 아들과 손자

또한 이혼을 해서

'공가 삼 대 출처'라는 말이 있다.

즉, 공자 가문은 삼 대에 걸쳐

마누라를 내보냈다는 말이다.

공자의 손자 공급이 쓴『중용』도
거의『논어』와 비슷한 내용이고 보면
공자의 여자 폄하 사상은
삼 대를 이어져 왔음이 분명해진다.

생명보다 소중한 것은 이 세상에 없다.
아내가 불안하면 그 배 속에서 나오고
그 아내에 의해 키워진 아이가
불행해질 수밖에 없다.
자기를 낳아주고 길러준 부모도 소중하지만
아이는 더욱 소중하다.
우리의 마음은 앞에서 언급했듯이
아래(아이)로 흘러가게 되어 있기 때문이다.
이것이 마음 즉 자연의 질서이기 때문이다.
그러므로 마음의 질서를 무시하고
억지로 만든 종교, 철학, 사상, 관습에 물들어
아기를 불행하게 만드는 어리석은 짓은
결코 하지 말아야 할 것이다.

자녀 간의 우애

자녀 간의 우애는
깊지 않은 것이 자연스러운
생명의 질서요, 현상이다.

첫째 이유는
근친을 방지하기 위함이요,
또 하나는 종족 보존을 위함이다.
만약 남매가 있는 가정에서
지나치게 우애가 깊다면
근친의 위험이 있을 수 있고,
어쩌다가 남매나 자매나
형제들 중 하나가
사고나 질병으로 요절했을 때
자녀 간의 우애가 너무 깊다면
남은 한 아이는 삶의 의욕을 잃고
평생 무기력하게 살거나
따라 죽을 위험이 있기 때문이다.
따라서 자연은 그러한 마음을

생각을 내려놓고 마음으로 사는 법

형제·자매간에 깊게 갖지 않게 한 것이다.
냉정히 보면 자녀들이란
먹을 것과 부모의 사랑을
더 많이 차지하려는 경쟁 상대였다.
그러므로 아이들을 키우면서
자녀 간의 다툼이 심하다고
너무 우애를 강조해서 아이들에게
심리적 부담을 주지 않도록 해야 할 것이다.
자연의 질서는 언제나 생명을 키우고
보존하고 잇는 방향으로 나아간다는 것을
아이들을 통해 다시 한번 확인하기 바란다.

남편의 역할

가정의 행복을 유지하는 데
남편의 역할은 참으로 중요하다.
냉정하게 보자.
남편과 시부모는 피를 나눈 혈육이지만
아내와 시부모는 피 한 방을 섞이지 않고
자랄 때 밥 한 끼 해준 적 없는 남남이다.
따라서 아내가 시부모에게
마음이 쉽게 가지 않는 것은 지극히 정상이다.
이치가 이러하므로
며느리보다는 시부모가 먼저 마음을 열고
베풀어야 하는 것이 순리다.
요즈음은 시대가 많이 바뀌어서
시부모가 먼저 마음을 여는 경향이 많아졌다.
하지만 아직도 많은 시부모들이
편협한 유교적 고정관념에 빠져
독선적으로 가정을 이끌어 나가려 한다.
이럴 때 남편은 지혜롭게 처신해서
집안을 편안하게 만들 의무가 있다.

생각을 내려놓고 마음으로 사는 법

그런데 그렇지 않고

자기 부모 편만을 들어

아내에게 일방적인 복종만을 강요하거나

아내를 구박하거나

그러한 것들로 인해 헤어지게 된다면

그 당시에는 증오심 때문에

가슴이 후련할지 모르지만

결국엔 집안을

패가망신의 길로 몰고 갈 수 있는 것이니

남편의 역할은 참으로 중요한 것이다.

물론 부모님이

자식들을 낳고 키운 은혜는 참으로 크다.

하지만 효가 아무리 소중하다 해도

아이보다 소중할 수는 없는 것이다.

그러므로 임신 중에 있는 아내나

아이들이 있는 아내를 괴롭히거나

엄마와 어린아이를

갈라놓는 짓을 저질러서는 안 될 것이다.

그리고 그런 짓이 효도가 아니고

불효 중의 불효라는 것을 뉘우칠 땐

이미 늦은 것이니 참으로 신중해야 할 것이다.

그러므로 아내와 아이들이

가정의 중심이 될 수 있도록
지혜롭게 이끌어 나가는 것,
이것이 남편의 역할이요,
진정한 효도가 될 것이다.

냉정히 보자.
있는 그대로 보자.
옳은 것은 옳은 것이요,
그른 것은 그른 것이다.
생명보다 소중한 것은 이 세상에 없다.
억지로 만든 유교적인 효 사상으로 인해
얼마나 많은 아이들과 며느리들이
아무 죄 없이 불행한 삶을 살아야 했는가?
그뿐만 아니다.
유교적인 효 사상은
또 얼마나 많은 노인들을 나약하게
그리고 독선적으로 만들었는가?

사랑의 정의

사랑은 하나 되는 것이다.
그러므로 사랑하는 사람은 너와 나,
네 것과 내 것,
주는 사람과 받는 사람의 구분이 없다.
그러므로 사랑하는 사람들은
상대의 아픔이 곧 나의 아픔이요,
상대의 기쁨이 곧 나의 기쁨이다.
그러므로 부모는 어쩔 수 없이
야단을 치고 나서
그 아이보다 더 아파하는 것이요,
아이가 기뻐할 땐 그 아이보다
더 기뻐하는 것이다.

사랑은 또한 자연과 같아서
때가 되면 눈 오고, 비 오고, 바람 불고,
해가 뜨듯이
때로는 부드럽고, 때로는 엄하고,
때로는 아프기 그지없는 것이다.

그런데 종교, 철학, 사상 등의
고정관념에 물들어
사랑은 언제나
자비롭고, 인자하고, 따스한 것이라고
여기는 사람들이 있다.
그러므로 이런 고정관념에 물들어
아이를 언제나 귀여워만 한다거나
언제나 칭찬만 하면서 키운다거나
또는 그 반대로 무조건 엄하게
또는 억압만 해서 키우는 것은
결코 아이를 사랑하는 것이 아니다.
늘 칭찬만 받고, 늘 억압만 받으면
자기가 무엇을 잘못했고, 무엇을 잘했는지,
그것을 구분할 수 있는 지혜를 갖지 못한다.
그래서 나만 알고, 버릇이 없고, 지혜가 없고,
참을성이 없고, 반항적이다.
따라서 이렇게 키워진 아이는
아무리 학식이 많아도,
아무리 훌륭한 선생님을 만나도
철들기가 어렵다.
그러나 부모의 사랑 속에서 성장한 아이들은
지혜롭기에 살아가면서 스스로 깨우쳐 간다.

부모의 사랑,

이보다 위대한 가르침은 없다.

사랑은

남녀 간의 사랑,

사제 간의 사랑,

이웃 간의 사랑,

친구 간의 우정,

형제간의 우애 등 여러 유형이 있을 것이다.

어떤 유형이든지

사랑은 모두 아름답다.

하지만 엄마와 아이의 사랑처럼

서로가 사랑하고 있다는

사실조차 모를 정도의 지고지순한 사랑은

이 세상에 없다.

가정불화의 원인

가정불화의 원인은
대개 남자 쪽에 있다.
여자는 남자보다 마음적으로 산다.
여자는 남자보다 감각적이기 때문이다.
그러므로 생각이 적고,
생각이 적으므로 정서가 안정되어 있다.

여자들은 그래서
남자들이 생각으로 지어낸
종교, 철학, 사상 따위는
체질적으로 깊이 알지 못한다.
그 대신 생명에 관계된
중요한 일들을 하고 있는 것이다.
아이를 낳고, 키우고,
그 아이들을
위해 밥 짓고, 빨래하고,
옷과 반찬을 만들고,
집을 청소하며
생명을 위하는 온갖 일들을 하고 있다.

하지만 남자들은

생각이 많아서 그 생각으로

종교, 철학, 사상, 과학 등

생명과는 전혀 관계가 없는 것들을

만들어서 우쭐거린다.

또 생각이 많아서

정서가 불안하므로

술, 담배, 오락, 도박, 방랑, 싸움, 전쟁 등

생명에 역행하는 짓들을 하지 않으면

심심해서 견디지를 못한다.

이런 의미에서 여자들은

남자들보다 참으로 위대하다.

하지만 요즘은

여자들마저 물질문명에 물들어

허영심을 주체하지 못하고

서양의 이기주의에 오염되어

아이들보다 자신의 안락만을 추구하며,

마음에 역행하는 정신문명에 물들어

아이들을 도외시하는

여성들이 늘어나고 있으니

참으로 안타까운 일이 아닐 수 없다.

아이는 삶의 구심점

아이가 병에 걸리면
부모는 차라리 내가 앓았으면 한다.
나보다 소중한 것이 아이요,
내 행복보다 소중한 것이 아이의 행복이다.
이것이 마음의 구조다.
따라서 삶의 초점은 나보다는
아이에게 맞추고 사는 것이 자연적인 순리다.

아이에게 삶의 초점을
맞추고 사는 사람은
무엇보다도 건강에 힘쓸 것이다.
건강해야 아이들이 부모로 인해
아파하지 않을 것이요,
늙어서도 아이들에게
부담을 주지 않을 것이기 때문이다.
그러므로 아이들을
진정으로 사랑하는 사람은
자신의 생활에 충실할 수밖에 없다.

생각을 내려놓고 마음으로 사는 법

아이를 사랑하는 것은
당연한 것처럼 여길지 모르지만
아이를 사랑하는 것처럼
어려운 일은 없는 것이다.
그러므로 아이를 사랑하는 것보다
위대한 삶은 없다.

여자의 생활 자세

여자는 생명을 잉태하고,
생명을 키워야 할 숙명을 가지고 있다.
그러므로 체질적으로
나쁜 것을 가까이할 수 없는
몸과 마음을 가지고 태어났다.
그래서 여자들은
남자들보다 술, 담배 따위에
더 약한 몸을 가지고 있다.
이것은 생명을 온전케 하려는
자연의 아름다운 배려다.
몸이 그러하니
마음 또한 그러하다.
모양이 예쁘고, 깨끗한 것들을 좋아하고,
꿈이 많고, 아이들을 귀여워하고,
섬세하고, 착하고, 정이 많다.
여자들이 자기도 모르게
이런 마음을 지닌 것은
바로 여자가 생명을 잉태하고
생명을 키워야 하는

소중한 몸을 가지고 있기 때문이다.

최근엔 여성들의 사회활동을
중요시하는 경향이 있는데,
이것이 아이를 키우는 것보다
중요할 수는 없다.
아이를 낳고 키우는 것보다
보람되고, 재미있으며,
훌륭한 일이 있다고 생각하는 사람은
순수하지 못하다.
아이들을 위해서
정성 들여 음식을 만들 때,
그 음식을 아이들이
맛있게 먹는 것을 보고 있을 때,
아이들이 학교에서
돌아오기를 기다릴 때,
아이들과 함께 놀아줄 때,
아이들에게
재미있는 동화를 들려줄 때의 즐거움을
어찌 사회활동에서 오는 즐거움에
비교할 수 있으랴.
만약 아이를 낳고 키우는 것보다
더 즐거운 일이 있다고 생각하는 사람은
서구적인 물질문명에

또는 종교, 철학, 사상 따위의 정신문명에
또는 가정에서 행복을 느끼지 못하는 사람들의 생각에
오염됐다고 볼 수밖에 없다.

세상의 중심은 여자다.
여자가 그 소중한 생명을
낳고 키우기 때문이다.
남자나 여자나 문란한 생활을 하면
후세에 영향을 미쳐 기형아가 나오게 된다.
그중에서 후세에
더 큰 영향을 미치는 사람은
남자보다는 여자다.
아이가 열 달 동안이나
엄마의 배 속에서 성장하고,
태어나서도 계속 엄마 품에 안겨야 하며,
또 엄마의 젖을 먹고 자라야 하기 때문이다.
따라서 여자는 남자보다
더더욱 술, 담배, 따위를 가까이하거나
문란한 생활을 해서는 안 되는 것이다.
그러므로 미혼 여성들은
언젠가는 자신들이
위대한 생명을 잉태해야 한다는
사실을 염두에 두고
항상 청결한 생활과 건강에 힘써야 하고,

또 기혼 여성들은
이 세상에서 가장 소중한
생명을 키우고 있으므로
무엇보다도 가정에
가장 큰 정성을 기울여
아이들이 올바로 자랄 수 있도록
최선을 다해야 할 것이다.

이렇게 여자들은
남자들보다 더더욱 생명 지향적인
몸과 마음을 갖고 있다.
그러므로 여자들은
이러한 몸과 마음을 따르며 살 때
가장 큰 행복을 느낄 수가 있는 것이다.
하지만 요즈음은
몸과 마음의 구조를 무시한
서구적인 남녀평등 사상에 물들어
여자들이 남자들과 같이
술과 담배를 하고
생명에 역행하는 짓들을
마구 행하고 있으니
참으로 안타까운 일이 아닐 수 없다.

이상적인 가정

그러므로 아이를 키우는 가정의
이상적인 구조는,
아내는 집안에서 아이들을 키우고
남편은 밖에서 경제적인 지원을 하는
형태의 가정이라고 할 수 있다.
물론 경제적으로 어려운 경우에는
어쩔 수가 없겠지만 그렇지 않고
어떤 고정관념으로 인해
안과 밖이 바뀌거나
갓난아기를
엄마가 키우지 않고 남에게 맡기는 것은
결코 이상적인 가정이라고 할 수 없을 것이다.

비록 어떤 피치 못할 사정에 의해
아내와 남편의 처지가 바뀌었더라도
진리가 이러하므로
아내는 시간이 허락하는 한
육아에 헌신해야 할 것이며

남편 역시 다른 집 아빠보다 더욱더
육아에 정성을 쏟아야 할 것이다.
또한 가정일에만 전념하는 아내가
사회활동을 하는 여자들 못지않게
훌륭한 여자라는 것도 깨달아야 할 것이다.

이상적인 사회

그러므로 아이가
어느 정도 성장할 때까지는
가능한 한 사회활동을 자제해야 할 것이다.
아이를 곱게 키우는 것이
얼마나 큰 가치가 있는 것인지
당장은 눈에 보이지 않으므로
육아를 소홀히 하는 사람이 많지만,
그 가치는 돈으로 환산할 수 없을 만큼
큰 것이라는 것을
아이의 성장을 보면서
반드시 깨닫게 될 것이다.

하지만 이러한 진리를 알고 있으면서도
사회적 제도의 모순 때문에 어쩔 수 없이
육아에 전념할 수 없는 것이 현실이다.
따라서 국가와 사회는 엄마들이
아이를 충분히 키우고
사회생활에 참여할 수 있도록,
육아에 대한 충분한 시간을 가질 수 있도록
길고 자유로운 휴직 기간을 주어야 할 것이다.

생각을 내려놓고 마음으로 사는 법

집은 가장 편안한 수련장

종교, 철학, 사상 따위에 현혹되어
도를 닦는다고, 진리를 구한다고,
깨달음을 얻겠다고,
아예 집을 나가거나
가정을 소홀히 하는 사람들이 있다.
부모나 배우자가 근심을 하건 말건,
아이들의 슬픔도 아랑곳하지 않고
집을 떠나는 사람이 있다.
이런 사람들은
빨리 집으로 돌아가라.
새들도, 곤충도, 짐승들도
생명의 보금자리를 만든다.
생명보다 큰 진리가 어디 있는가.
집에서 생명이 탄생하고 자라는데
어디서 진리를 구하는가.
결혼해서 아이 낳고,
단란한 가정을 꾸리는 일보다
위대한 진리가 어디 있는가.

도를 닦든, 진리를 구하든,
깨달음을 얻든
몸과 마음이 편안해야 하거늘
집보다 편안하고 아늑한 곳이
어디 있겠는가.
멀리서 찾지 마라.
밖에서 찾지 마라.
모든 것은 아이에게 있다.

자식들에게

사람은 누구나 한 번의 인생을 산다.
그 단 한 번의 인생 속에서
부모가 되는 것이다.
따라서 우리는 누구나 처음
부모라는 역할을 하게 된다.
처음이란 대개 실수가 많다.
그러므로 대개의 부모들은
자식들에게 최선을 다하지 못한
아쉬움 속에서 아이들을 키우게 된다.
다시 부모가 되면
이런저런 실수를 하지를 않고
아이들을 더욱 예쁘고
사랑스럽게 키울 수가 있겠지만
인생은 다시 오지 않는다.
그러므로 이 땅의 자식들은
자신들의 부모가 자신에게
만족하지 못한
삶을 살아왔다고 여길지라도
인생의 구조가 이러한 것을 깨닫고
너무 고깝게 여기지 말기를 당부한다.

생각에 지우친 사람들

태교나 육아에 문제가 있었던 사람들,
또는 성장 과정이 불우했던 사람들은
자기도 모르게 생각에 치우쳐
마음이 안정되지 않는다.
따라서 남들보다 쉽게 탈선하고,
남들보다 의지가 약하고,
남들보다 특이하게 보이려는 경향이 있다.
모두 그렇지는 않겠지만
이런 사람들이 결혼하면
배우자나 아이들에게 많은 사랑을 주지 못해서
불행이 반복되는 악순환이 계속될 수 있다.
하지만 이제 원인을 알았으니
치료에 들어가야 할 것이다.
치료는 생각을 버리는 것이다.
과거에 대한 생각,
자기 불행의 원인을
남에게서만 찾으려는 생각,
특이한 것이 위대하다는 생각,

생각을 내려놓고 마음으로 사는 법

그 외의 많은 부자연스러운 생각들을
하루속히 버리고
본래의 아름답고, 순수하고,
완전한 마음으로 돌아가야 하는 것이다.

세상에서 가장 어리석은 일은
과거에 연연하는 것이다.
과거는 아무리 뉘우치고 후회해도
결코 돌아오지 않는다.
나의 불행이나 잘못을
남의 탓으로만 돌리는 생각도
과거에 연연하는 것처럼 어리석은 일이다.
나의 불행을 남에게 돌리면
원망과 분노만 남지만
그 불행의 원인을 나에게서 찾게 되면
발전과 지혜가 생기기 때문이다.
생각은 마음을 오염시키는 쓰레기와 같다.
생각은 마음을 불안하게 만든다.
그러므로 생각을 버리면
누구나 맑고, 고요한
본래의 마음으로 돌아갈 수 있다.

이 땅에 뚜렷한 종교, 철학, 사상이 없는 이유

우리나라에는
뚜렷한 종교, 철학, 사상이 없다.
그 이유를 모두 알 수는 없겠지만
여러 가지 상황으로 볼 때,
그 가장 큰 이유는
우리 민족이 자연과 하나 되는
삶을 살았기 때문이라고 볼 수 있다.
그래서 농사를 짓거나
집을 짓고 생활 도구를 만들 때도
자연에서 그대로 본받았기에
물질문명이 발달할 수 없었음은 물론
자연적인 것에
최고의 가치를 둔 삶을 살아왔기에
종교, 철학, 사상 등의
정신문명 또한
발달할 수 없었던 것이다.
문명이란 물질문명이든 정신문명이든
모두 자연에서 멀어진 것이기 때문이다.

우리 민족이

자연과 하나 되는

삶을 살아왔던 이유는 무엇일까?

그것은 이 땅의 자연환경이

너무나 아름다웠기 때문이라고 볼 수 있다.

환경은 사람의 성격 형성과 삶에

매우 큰 영향을 미친다.

시골 아이들이

도시 아이들보다 순박한 것은

시골 아이들은

늘 자연과 자연스러운 것들을 대하며 살고

도시 아이들은 늘 생각이 만든

문명을 대하며 살기 때문일 것이다.

서울 사람들을 깍쟁이라 부르는 것은

도시 아이들은 태어나면서부터

각진 건물, 쭉 뻗은 도로 등

각이 진 것들을 보며 자랐기 때문이며,

시골 사람들의 성격이 두루뭉술한 것은

자라나면서부터 둥근 초가집

논두렁 밭두렁 등을 보면서

자라났기 때문인 것이다.

그래서 어느 나라나

자연 깊숙이 묻혀 사는
원주민들의 성격이나 삶은
순박하기 이를 데가 없는 것이다.

우리나라의 자연은
다른 나라보다 월등히 아름답다.
그 첫째 이유는,
우리나라가 그 어떤 나라보다
사계절의 변화가 뚜렷하기 때문이요,
둘째는
홍수, 가뭄, 지진, 화산 폭발, 태풍 등이
거의 없는 안정된
자연환경을 갖고 있기 때문이요,
셋째는
전 국토가 황무지나 사막 등이 거의 없는
아름다운 금수강산으로
이루어져 있기 때문인 것이다.

그러므로 우리 민족이
자연에서 받은 영향은
그 어떤 민족보다 크다고 볼 수 있다.
그러므로 봄, 여름, 가을, 겨울 사계절의

변화무쌍함과 아름다움은

그대로가 우리 민족에게는 삶의 철학이요,

사상이요, 종교였기에

특별히 자연에 어긋나는

정신문명이 생겨나지 않았던 것이다.

이렇게 모든 삶이

자연 그대로를 따랐으므로

이 땅에서는 노자나 장자가

주장했던 것과 같은 무위자연 따위의

사상조차 생겨나지 않았던 것이다.

중국에 제자백가 사상이 있었던 이유는

그들 사회가 그만큼 무질서했다는 반증이다.

그래서 우리 민족은

그들을 오랑캐라 불렀던 것이다.

그들이 우리 민족을 수없이 침입해서

얼마나 많은 사람들을 괴롭히고

잔인하게 살해하고 납치했던가.

지금 세상에는

몸과 마음에 역행하는

종교, 철학, 사상 등이 난무하고 있다.

세상이 이렇게 된 이유는

사람들이 진정 위대한 것을 모르거나
착각하고 있기 때문이다.
진정 위대한 것은
그럴듯한 논리로 만든
종교, 철학, 사상이 아니라
이러한 것들을 가능한 한 갖지 않는 것이다.
그래야 몸과 마음과 하나 되는
행복한 삶을 살 수 있기 때문이다.

우리나라에는 지금
많은 종교가 들어와 있지만
종교로 인한 큰 싸움이 없는 유일한 나라다.
이것은 우리가
수천 년을 자연스러운 삶으로 살았기에
이 땅에 들어온 지 얼마 되지 않은
종교들이 우리 가슴에
깊숙이 자리 잡지 못하기 때문이다.
하지만 앞으로 이대로 간다면
다른 나라처럼 우리나라도
종교분쟁이 안 일어난다는 보장이 없다.
참으로 심각한 일이 아닐 수 없다.

몸과 마음이 하나 되는 삶이란
생명을 지향하는 삶이다.
그래서 우리 민족은,
특히 이 땅의 어머니들은
오직 자식들을 위해
온갖 고난과 역경을 이겨내며 살아온 것이다.
그러므로 자연히
아이와 하나 되는
육아법과 태교가 생겨날 수밖에 없었고
아이에게 삶의 초점을 맞춘
위대한 삶을 살아올 수밖에 없었던 것이다.

아이는 가장 큰 깨달음

지금까지 살펴본 바와 같이

이성이 서로 만나 사랑을 하고,

결혼을 해서, 아이를 낳고

키운다는 것은 이처럼 커다란 의미를 갖는다.

사랑을 하고

그 사랑하는 사람과

아이를 낳고 키우는 과정에서

자기도 모르는 사이에 생명의 소중함과

자연의 질서를 깨달아 철이 들기 때문이다.

그러므로 아이를 사랑한다는 것은

결국 자기를 사랑하는 것이요,

자기를 위하는 것임을 깨달아야 한다.

아이를 사랑하는 것만이

마음을 따르는 삶이요,

마음을 따르는 삶만이

건강과 행복을

얻을 수 있는 삶이기 때문이다.

그러므로 아이를 사랑하는 삶은

가장 지혜로운 삶이다.

그러므로 아이를 사랑한다는 것은

엄숙한 종교요,

아름다운 철학이요,

위대한 사상이다.

아이는 가장 큰 깨달음이기 때문이다.

3부

몸보기

'몸보기'란 말 그대로
몸을 보는 것이다.
몸을 보는 이유는
몸을 통해 마음을 볼 수 있기 때문이다.
몸이 보이는 진리라면
마음은 보이지 않는 진리다.

몸을 보고 마음을 보는 까닭은
세상의 이치를 깨닫기 위함이다.
세상 이치를 깨닫고자 하는
궁극적 목표는 생명에 있다.
생명은 가장 큰 깨달음이다.

완전한 책

몸을 보는 것은
세상에서
가장 아름답고
가장 신비하고
가장 위대하고
가장 완전한
책을 보는 것과 같다.
왜 그런가.
몸이 그러하기 때문이다.

공통분모

음악은 누구나 인정하는 세계 공통분모다.
종교나 이념으로 싸우긴 해도
음악으로 인해 인류가 싸운 적이 없다.
왜 그런가.
인류의 공통분모이기 때문이다.
아무도 이 공통적인 약속에 대해 시비를 걸지 않는다.
오히려 음악은 인류의 아픔을 치유하고 소통한다.
음악엔 빈부, 남녀노소, 동서양의 차별이 없다.
그래서 음악은 국적을 초월하고 소통시켜
인류에게 축제의 장을 만들어준다.

이 음악보다 더 완벽한
인류의 공통분모가 또 하나 있다.

바로 우리의 몸이요,
몸에서 일어난 마음이다.
눈은 보는 것이요,
귀는 듣는 것이요,

입은 말하고 먹는 것이요,

코는 냄새 맡고 숨 쉬는 것이요,

발은 걷고 뛰는 것이요,

손은 일하고 만지는 것이요,

자궁은 잉태하는 것이요,

정자, 난자는

누군가를 만나 사랑하라는 것이다.

이것이 틀렸다고 할 수 있는가.

이 외에 다른 뜻이 있는가.

세상 모든 사람 그 누구도

이보다 더 많이 갖지도 적게 갖지도 않고

이 세상 모든 사람 그 누구나

똑같은 몸을 가지고 있다.

이 뜻 외에 다른 뜻이 있다고 말하지 말라.

그렇게 말하는 사람을 경계하라.

다장조를 바장조라 말하는 것처럼 억지다.

인류의 평화를 해치는 사람들이다.

인류가 평화롭게 살기 위해서는

전 세계인의 공통분모인

이 몸으로 하나 되어야 한다.

언어, 문화, 종교, 사상, 이념, 풍습 등
이러한 것들은
그 어느 것도 인류를 하나로 어우르지 못한다.
오직 몸으로 하나 되어야 한다.
몸은 모든 사람이 누구나
똑같이 가지고 있기에
아무도 다른 이의를 제기할 수가 없다.
'몸보기' 삶만이
인류가 하나 될 수 있는 유일한 길이다.
'몸보기' 삶만이
인류가 평화롭게 사는 유일한 길이다.
'몸보기'가 곧 '마음보기'인 것이다.

때

몸을 보면 때를 안다.
늘 몸을 보기 때문에
몸이 무엇을 필요로 하는지 알기에
건강을 잃지 않는다.
하지만 생각에 빠진 사람들
즉, 몸을 보지 않는 사람들은
때를 모르고 아무거나 먹고
아무 때나 운동하며
몸에서 점점 멀어지는 생활을 한다.
때를 안다는 것은 곧 예민함이니
몸을 보면 큰 병에 걸릴 수가 없지만
생각에 빠져 살면 암세포가
전신에 퍼져도 눈치를 채지 못한다.

하나

'몸보기'는 하나 되는 것이다.
하나가 된다 함은 온전함을 말하는 것이다.
왜냐하면 몸과 마음이 같이 있기 때문이다.
세상의 많은 학문들은
모두 반쪽만을 가지고 있다.
그래서 거의 모든 사람들은
정신적인 것은 종교, 철학, 사상에 의지하고
육체적인 수련은
자신들이 정신적으로 의지하는 것과는
전혀 다른 이론을 가진
무술이나 운동 또는 운동기구 등으로
건강을 추구하고 있다.
그것은 그들의 이론이 완전하지 않은
반쪽임을 증명하는 것이다.

'몸보기'는 반쪽이 아니라 온전한 하나다.
정신적인 것과 육체적인 것이 하나다.
진리와 수련법의 뿌리가 하나다.

이론과 행위가 같은 뿌리에서 나왔다.
(졸저 『몸보기』 건강 수련법 참고)

왜 그런가.
몸이라는 자연에서 찾았기 때문이다.
자연이란 개별적인 것이 아니고
종합적인 것이다.
마치 아기와 엄마의 사이처럼
아무리 나누려고 해도 나눌 수가 없는
하나이기 때문이다.

철부지

몸을 보면 때를 안다.
언제 자고 언제 먹고
언제 움직여야 하는가를 안다.
때를 안다는 것은
철이 드는 것이다.
문명과 자연의 차이는 바로 철에 있으니
자연적인 삶이란 철을 따라 사는 삶이요,
문명적인 삶이란 철없이 사는 삶이다.
문명은 사람들에게서 철을 빼앗아 가버렸다.
그래서 문명에 오염되면
철없이
먹고, 마시고
모이고, 싸우고
만나고, 헤어지기를 반복하는 것이다.
사시사철 변화하는 자연 속에서
조화로운 삶을 살아온 우리 조상들은
이러한 사람들을 '철부지'라고 불렀으니
아무리 나이를 먹어도

생각을 내려놓고 마음으로 사는 법

아무리 학식이 많아도
아무리 사회적 직위가 높아도
때를 구분하지 못하면
'철부지'에 불과한 것이다.

우리말

몸은 하나다.
손에 가시가 박히면 손만 아픈 게 아니라
몸 전체가 신경이 쓰여 마음까지 아프다.
내가 아프면 나만 아픈 게 아니다.
나의 부모, 형제자매,
또 나의 자식들, 나의 친구들
모두가 안타까워한다.

너와 나, 자연과 나, 세상과 나는
따로따로 존재하는 것이 아니고
하나로 이어진 운명의 공동체임을
우리는 몸에서 배울 수 있는 것이다.
따라서 자연과 하나 되는 삶을 살았던
우리 조상들은
언제나 '우리'라는 말을 즐겨 썼다.
우리란 곧 울타리를 뜻하니
우리 조상들은 이 세상을
하나의 커다란 울타리로 여기고

생각을 내려놓고 마음으로 사는 법

조화로운 삶을 살아오신 것이다.

그래서 그 '우리'라는 울타리를 깨고
뛰쳐나가 '나'만을 고집하는 사람들을
'나뿐(쁜)' 놈이라고 불렀던 것이다.
깨닫지 못한 사람들이
'나뿐(쁜)' 짓을 할 수밖에 없는 이유가
여기에 있는 것이다.

이처럼 우리말 하나하나
우리 속담, 격언 하나하나에는
그 어떤 종교, 철학, 사상에서도 찾을 수 없는
깊고 깊은 진리들이 담겨 있다.

왜 우리말에 이처럼 깊은 뜻이 있는가.
그것은 일만 년 역사를 가진
우리 민족의 위대했던 얼이
들어 있기 때문이다.

나보다는 우리를 더 소중히 여기고
생명을 최선의 가치로 여겨
몸과 마음을 따르는
자연스러운 삶을 살아왔던
우리 조상들의 슬기로웠던 얼이
우리말에 그대로
담겨 있기 때문인 것이다.

얼

이처럼 그 나라 말에는

그 민족의 얼이 담겨 있다.

따라서 다른 나라 말을 하게 되면

자기도 모르는 사이에 다른 나라의 얼이 들어와

자기 나라의 얼을 잃고

다른 나라의 정신을 따르며 살게 되는 것이다.

그래서 지배자들,

특히 일본은 그 얼을 없애고자

우리말 사용을 혹독하게 탄압한 것이다.

일만여 년의 그 길고 위대한 우리 역사를

일본이 아무리 날조하고 지우려 했어도

우리말에는 그 찬란하고도 슬기로웠던

민족의 얼이 고스란히 남아 있어

지금도 우리 삶에 길잡이가 되고 있는 것이다.

필자가 쓰고 있는 이 책 역시

조상의 얼이 없이는

결코 쓸 수 없었을 것이다.

하지만 지금은 탄압도 하지 않는데
스스로 그 고귀한 얼을 비하하며
외면하고 있다.
조상이 물려준 우리의 이름을 버리고
세례나 법명으로 받은
종교적 이름을
자랑스럽게 쓰고 있다.
우리말을 사용하면서
다른 나라의 정신을 갖고 사는 것은
참으로 이상한 일이다.
말과 얼은 몸과 마음처럼
분리될 수 없는 것이기 때문이다.
따라서 이렇게 사는 사람들은
몸과 마음에 역행하는
생각적인 삶을 살기 때문에
반드시 말과 행동이 어긋나는
이상하고 괴상하고
앞뒤가 안 맞는 모순적인
삶을 살 수밖에 없는 것이다.

돌아보라!
당신의 가슴과 머리에는

우리 민족의 얼이 얼마나 있는가.

얼이 없이 사는 사람들을

우리 조상들은

얼간이, 얼뜨기, 얼치기,

얼빠진 등등으로 불렀다.

그래서 우리 조상들은

얼이 사는 곳을 '얼굴'이라 불렀다.

돌아보라!

당신의 얼굴에 얼은 있는가.

돌아보라!

당신의 얼은 무엇인가.

[조선사편수회]

일제강점기에 우리의 위대한 역사를 왜곡하려고 일본이 만든 조직으로, 길게 잡아 일만여 년, 짧게 잡아도 5,000여 년의 역사가 기록된 『환단고기』 및 고문헌들을 전국에서 수집해 불살라 버리고 마흔일곱 분의 단군이 다스리던 위대한 단군조선을 신화로 왜곡시키는 등 우리의 위대하고 찬란한 역사를 완전히 날조했다. 지금 우리가 알고 있는 학교에서 가르치는 역사, 역사 학자나 역사 교수들이 알고 있는 대부분의 역사들은 일본이 짜깁기한 식민 사관인 것이다.

"동북아 고대사에서 단군조선을 제외하면 아시아 역사는 이해할 수가 없다. 그만큼 단군조선은 아시아 고대사에 중요한 위치를 차지한다. 그런데 한국은 어째서 그처럼 중요한 고대사를 부인하는지 이해할 수가 없다. 일본이나 중국은 없는 역사도 만들어내는데 당신들 한국인은 어째서 있는 역사도 없다고 그러는지 도대체 알 수 없는 나라다."

[마지막 조선 총독, 아베 노부유키]

"우리는 패했지만 조선은 승리한 것이 아니다. 장담하건대, 조선민이 제정신을 차리고 찬란하고 위대했던 옛 조선의 영광을 되찾으려면 100년보다 훨씬 긴 세월이 더 걸릴 것이다. 우리 일본은 조선민에게 총과 대포보다 무서운 식민교육을 심어 놓았다. 결국은 서로 이간질하며 노예적 삶을 살 것이다. 보라! 실로 조선은 위대했고 찬란했지만 현재도 그렇고 앞으로도 조선은 결국 식민교육의 노예로 전락할 것이다. 그리고 나 아베 노부유키는 다시 돌아온다."

[한글의 기원]

『환단고기』에 세 번째 단군 가륵 재위 시에 가림토 문자가 세종대왕이 편찬한 한글과 거의 같은 형태로 창제되었음이 기록되어 있다. 짧게 잡아도 지금으로부터 4,000년 전에 한글이 있었음을 증명한다.

[우리 민족의 역사]

삼성기   환인 일곱 분 다스림. 3301년. BC 7199년

신시역대기   환웅 열여덟 분 다스림. 1565년

단군세기   단군 마흔일곱 분 다스림. 2096년

북부여기   여섯 분 다스림. 176년

고구려 건국 BC 37~2023 현재=2060년

3301+1565+2096+176+2060=9198년

『환단고기』에 나타난 우리 역사: 9195년

『환단고기』에 나타난 우리 영토: 시베리아, 몽고, 중국, 일본을 포함, 남북 5만 리 동서 2만 리

출처:『환단고기』, 양태진 번역, 예나루 출판사

몸보기

종교는
신과 하늘과 하느님과
사람만을 이야기한다.
나머지는 관심이 없거나 무시하거나
하찮게 여긴다.
매우 잘못된 것이다.

몸보기는
사람만 보는 것이 아니다.
세상 전체를 보는 것이다.

사람만이 하늘이 아니라
만물은 모두 하늘이다.
나무가 없으면 우린 살 수 없다.
그러므로 나무도 하늘이다.
물이 없으면
공기가 없으면
흙이 없으면

우린 살 수 없다.

그러므로 물, 공기, 흙

이 모두가 하늘인 것이다.

우주란 하나의 커다란 몸이니

우리 몸 머리끝에서 발끝까지

소중하지 않은 신체 부위가

하나도 없는 것처럼

세상에 무생명체인 사물조차도

우주라는 커다란 몸의 일부인데

하물며 사람이 어찌

귀한 몸과 천한 사람이 있겠으며

양반과 상놈의 구별이 있는가.

그러므로

"인간은 만물의 영장이다"라는 말 또한

매우 잘못되고 위험한 말이다.

세상 모든 만물은

소중하지 않은 것이 하나도 없다.

인간이 소중하면 동물도 식물도 소중하고

인간에게 영혼이 있다면

동물도 식물도 영혼이 있을 것이다.

그러므로 인간만이 아니라

만물은 모두 영장인 것이다.

종교, 철학, 사상의 공통점은
위아래와 귀천 그리고 시작과 끝 등등의
차별을 두는 데 있다.
더 존귀하고 더 높은 것이 있다고 하거나
시작과 종말이 있다고 하여
주관적 삶을 누르고 종속적 삶을 강요한다.
그것은 자연을 어기는 것이다.
왜 자연을 어기는가.
생각으로 만들어졌기 때문이다.

자연에 차별은 없다.
시작도 끝도 없다.
모두가 하늘이요,
모두가 하나요,
모두가 '우리'인 것이다.

'몸보기'는 사람의 몸만 보는 것이 아니다.
세상의 모든 것을
우리와 같은 하나의 몸으로 보자는 것이다.

최재우 선생은 세계에서 가장 먼저 인간 평등을 외친 분이다. 오죽하
면 인즉천(人卽天), 즉 "사람이 곧 하늘이다."라고 하셨겠는가. 선생은 노

비 문서를 불태워 버리고 친딸을 자기 집 노비와 결혼시켰다. 얼마나 위대하신 분이신가. 비록 허구적인 옥황상제 이야기를 하여 아쉽기는 하지만 당시의 세상과 사회 분위기를 타파하고 불꽃같은 삶을 살다 가신 진정한 영웅이 아닐 수 없다. 우리는 앞으로 양반과 상놈이 있었던 문화에 대해 부끄러움을 느끼고 다시는 백인 흑인 차별하듯 하는 "난 양반 출신이야." 따위의 말들은 쓰지 않아야 할 것이다.

시향점

'몸보기'를 수련하면서 (졸저 『몸보기』에 있는 '숫구멍 열기' 수련법 참고) '몸보기'가 명상이나 또는 명상에서 유래한 참선과 비슷한 수련이 아닌가 하는 생각은 하지 말기 바란다. '몸보기'는 명상이나 참선과는 그 이론이나 수련법이 완전히 다르다. '몸보기'는 수련법이 간단하지만 명상이나 참선은 매우 어렵다. 수련법은 차치하더라도 이론을 이해하기 위해 책을 읽는 것조차 상당한 인내를 요구한다. 웬만한 명상이나 참선에 관한 책은 처음부터 끝까지 읽기도 어렵지만 다 읽고 나서도 무엇을 말하는지 감이 잡히지 않는다. 또한 명상과 참선의 창시자나 대가라고 하는 사람들의 삶을 보면 그러한 명상이나 선이 추구하는 목적이 무엇인지 더욱 불분명해진다.

생전에 당뇨병과 척추 디스크, 천식 등을 앓았던 바그완 슈리 라즈니쉬, 췌장암과 간암으로 숨진 지두 크리슈나무르티, 악성종양으로 숨진 라마나 마하르쉬, 자기를 찾아온 사람에게 "붉은 눈이 내리면 너에게 도를 전해 주겠다."라는 이상한 말을 하여 그 사람이 마침내 자신의 소중한 왼팔을 낫으로 잘라 흰 눈을 붉게 물들이자 그제야 그를 제자로 삼은 달마. 이 외에도 생명의 소중함을 결국 깨닫지 못하고 질병과 모순된 논리 속에서 방황하다

사라져간 수많은 구도자들과 종교가들….

명상이나 참선이나 마인드컨트롤 유(類)의 수련 등등에서는 몸은 아파도 정신적 편안함을 추구할 수 있다고 주장하는데, 앞에서 언급했듯이 몸이 우선이고 마음은 몸에 딸린 것이기에 그것은 있을 수 없는 일이다. 또한 몸과 마음은 하나이기에 몸이 아프면 마음의 편안함이 올 수 없고, 또 마음이 아파도 몸의 편안함을 올 수 없는 것이다.

있는 그대로 보자. 편견 없이 보자. 세상에서 가장 소중한 것이 생명이고, 그 생명의 보금자리가 몸과 마음이며, 그 몸과 마음을 좌우하는 것이 건강이다. 생명이 없으면 깨달음이고 진리고 존재할 수가 없는 것이다. 그러므로 아무리 심오한 철학이나 논리라 하더라도 그것이 생명과 연관되지 않는다면 허상이요, 궤변에 불과한 것이다.

'몸보기'의 지향점은 명확하다. '몸보기'의 목표는 건강이다. 건강이란 단지 몸이 튼튼한 것만을 뜻하지 않는다. 건강은 몸과 마음이 하나 되는 신비로움이요, 아름다움이다. 건강에 대한 자각, 이보다 큰 목표나 깨달음은 있을 수가 없는 것이다. 건강은 생명을 지향하기 때문이다.

사기 세계

'몸보기'는
자기만의 길이요
자기만의 진리요
자기만의 깨달음이다.
그것은 자기만의 절대적 세계를 갖는 것이다.
그러므로 몸의 가르침을 모르면
아무리 지식이 많아도 흉내 내기에 불과하다.
따라서 지식만 가득하고
깨달음이 적은 사람들은 언제나
경전에 이르길
소크라테스가, 칸트가, 러셀이 말하길
공자 왈, 노자 왈 따위의
남의 말만 지루하게 반복한다.
또 남의 세계에 자기 삶을 억지로 맞추려 하니
그들의 말과 행동은 언제나 모순적이요,
일관성이 없다.
하지만 자기 세계가 있는 사람은
아름다운 자기의 세계를 말한다.

생각을 내려놓고 마음으로 사는 법

비록 그 세계가 남의 것과 같거나

비슷하다 하더라도

깨달음으로 얻은 것은

모두 아름답고 위대하다.

새들이 똑같은 소리로 울어도

모두 아름다운 것처럼

꽃들이 똑같은 모습으로 피어 있어도

모두 아름다운 것처럼.

유기석

'몸보기'는 종합이다.
종합이란 조화로운 것이다.
조화란 이 세상의 모든 것과
서로 긴밀하게 연결되어 있는 것이다.
이 책에 실린 여러 가지 지혜들 역시
서로 밀접하게 연결되어 있어
한 가지라도 소홀히 하면
조화를 이룰 수 없다
왜 그런가.
그것은 몸과 마음이라는
생명에서 찾은 진리이기 때문이다.

그러므로
생명, 몸, 자연, 깨달음, 조화,
균형, 마음, 감각, 얼
건강, 자유, 편안함, 지혜,
아름다움, 진리, 전체
이러한 낱말들은 표현만 다를 뿐

생각을 내려놓고 마음으로 사는 법

결국 같은 뜻이다.

그러므로
문명, 공식, 편견, 집착,
불편, 공해, 고정관념, 지식,
어리석음, 순간, 분열, 모순, 부분, 치우침
이러한 낱말들 또한
표현만 다를 뿐 같은 뜻이다.

있는 그대로

'몸보기'는 있는 그대로 보는 것이다.
모든 생명체는 종족 번식을 위한
완전한 체계를 가지고 있다.
태양계의 모든 별들은
태양을 중심으로 돌아간다.
이것은 변하지도 변할 수도 없는
절대 현상이다.
우리는 이렇게 절대적인 진리만을 이야기하고
그 진리 안에서만 살아야 함을
몸에서 배워야 한다.

지동설을 주장했던 학자들
코페르니쿠스, 갈릴레이, 흄, 브루노 등은
고정관념에 빠진 사람들로부터
많은 고통을 당했고
브루노는 결국 신념을 버리지 않자
입에 재갈을 물려
산 채로 화형당하고 말았다.

생각을 내려놓고 마음으로 사는 법

보라!

고정관념이란 이처럼 무서운 것이다.

종교만이 이러할까?

옛날부터 지속되어 왔던

종교, 철학, 사상, 의학, 각종 수련법 등은

이처럼 어리석은

역사를 가지고 있지 않은가.

지금도 그러한 어이없는 행위를

반복하고 있지는 않는가

당신이 진리라고 여기는 것 중엔

이러한 점이 없을까.

다시 한번 돌아보라.

지금도 진리가 불에 타고 있지는 않는가.

다시 한번 돌아보라.

그리고 냉정히 보라.

진리란

그것을 따르는 사람들의

숫자에 의해 결정되는 것이 아니다.

진리란

그것이 지속되었던 시간과는

아무런 관계가 없다.

소박함

'몸보기'는 소박한 것이다.
당신을 유혹하는 것이
당신이 추구하는 것이
야하고, 괴이하고, 시끄럽고,
기이한 것이라면
그것은 진리가 아니다.
진리는 소박하고, 검소하고, 수수하고,
평범한 것에 있다.
이것이 자연의 본질이요,
본래 몸과 마음의 모습이기 때문이다.
당신이 특이하고, 기이한 것을 찾는다면
이 책을 읽을 필요가 없다.
이 책에는
지극히 평범한 것
우리 모두가 알고 있지만 무심코 지나쳤던 것
그런 것들만 있기 때문이다.

나

'몸보기'는 버리는 것이다.
지식을 버리고 나를 보는 것이다.
지식을 버리고 나를 찾는 것이다.
누가 지식을 만들었는가.
성인, 위인, 천재, 이들이 아니었던가.
이들은 내가 아니고 모두 남이다.
그러므로 지식은 내가 아니고 남이다.
그러므로 지식을 버리지 못하면
나를 찾기가 어렵다.

몸보기 수련

'몸보기'란 말 그대로 몸을 보는 것이다.
단지 몸을 보는 것만으로도 우리는
어느 한순간에 지금까지 전혀 느껴보지 못했던
새로운 감각의 세계로 들어간다.
(졸저 『몸보기』 건강법 참고)

숫구멍이 열린 사람은
숫구멍으로 들어오는 기를 보면 된다.
숫구멍이 열리지 않은 사람은
자신의 심장을 보면 된다.
눈을 감고 가만히
자신의 심장을 응시하라.
심장이 뛰는 것이 느껴질 것이다.
더 가만히 보라.
심장에서 나오는 피들이 온몸의 핏줄을 타고
흐르는 것을 느낄 수 있을 것이다.
호흡은 위대한 몸에 맡기고 신경 쓰지 않는다.

생각을 내려놓고 마음으로 사는 법

이것이 잘되면 전신을 응시하라.

피부를 볼 수도 있다.
피부는 우리의 의지와 상관없이
숨을 쉬며 움직이고 있다.
심한 화상을 입으면 살 수 없는 것이
그것을 증명한다.
역시 호흡은 위대한 몸에 맡기고
신경 쓰지 않는다.

땀구멍 하나하나를
입과 같이 여기고 강하게 응시하라.
응시하면서 움직여 보라.
마치 숫구멍처럼 열리고 닫히며
숨을 쉬고 있음을 느끼게 될 것이다.

어떤 것을 우리 몸에서 느끼든
그것은 마치 아름다운 꿈과도 같은
설렘의 세계다.
그것은 참으로 황홀한 세계요,
신비의 세계요, 놀라움의 세계다.
이러한 세계는

생각으로는 도저히 상상할 수 없는

그리고 지금까지 살아오면서

전혀 느껴보지 못했던

새로운 감각의 세계다.

이러한 세계로 들어가는 것은

수련자의 의지와는

아무 상관이 없이 이루어진다.

마치 어떤 무중력의 세계로

깊이 빨려 들어가는 듯한

또는 말할 수 없이 강력하면서도

동시에 부드럽기 이를 데 없는 기운이

온몸을 감싸는 듯

놀랍고도 황홀한 감각에 휩싸이게 된다.

이러한 경지를

말로 표현한다는 것은 불가능하다.

이러한 감각의 세계에

한 번이라도 들어가 본 사람은

그 느낌을 영원히 잊지 못할 것이다.

이러한 느낌의 세계는 어디에도 없다.

오직 자신의 몸을 볼 수 있는 사람만이

느낄 수 있는 것이다.

처음부터 이러한 경지에 이를 수는 없다.

사람에 따라 많은 차이가 있을 것이다.

하지만 확실한 것은

심장은 뛰고 있고

피는 흐르고 있고

피부는 숨을 쉬고 있으니

우리는 노력만 하면 느낄 수 있는 것이다.

사람들은 심심한 걸 견디지 못한다.

나무는 처음 피어난 그 자리에서

수십 년, 수백 년, 때론 수천 년을

움직이지 않고 서 있다.

그래서 때론 사람보다 훨씬 더 위대하다.

나무는 매일매일 땅속의 물이

자신의 몸으로 올라오는 것을

느끼면서 사는지도 모른다.

그래서 황홀하고 신비로운 느낌 속에서

매일매일 하루하루를 사는지도 모른다.

그래서 매년 빛나는 잎과

맛난 열매와 향기로운 꽃을

피우는 것이 아닐까.

결코 인간은 만물의 영장이 아니다.
자연은 우리의 스승이다.
사람이 스승이 아니고 나무, 풀, 동물들
자연의 모든 것들이
우리의 스승인 것이다.

생각을 내려놓고 마음으로 사는 법

문제 보기

진리는 가까이 있다.
여기 없는 것은 저기에도 없다.
여기서 모르며 저기서도 모른다.
가장 가까운 곳
그곳이 몸이다.
그러므로 몸을 보는 것이
가장 지혜로운 것이다.

우물 속에서는 우물을 볼 수 없다. 우물을 바로 보려면 우물에서 나와야 한다. 마찬가지로 문제에 빠져 있으면 문제를 바로 볼 수 없으므로 문제를 해결할 수 없다. 장기나 바둑을 둘 때 당사자들보다는 훈수꾼이 묘수를 더 잘 보는 경향이 있다. 훈수꾼은 제삼자이기 때문이다. 마찬가지로 문제를 풀려면 문제에서 벗어나 제삼자가 되어야 한다.

문제에서 아주 벗어나도 문제를 해결할 수 없다. 적당히 벗어나야 한다. 그 적당히 벗어나는 방법이 바로 우리 몸과 문제를 동시에 응시하는 것이다. 예를 들면 숫구멍으로부터 들어오는 기를 몸으로 느끼면서 동시에 문제를 응시하면 문제에서 아주 멀리 벗어나는 것도 아니요, 문제에 깊이 빠진 것도 아니니 어떤 어려운 문제라도 반드시 슬기롭게 해결할 수 있을 것이다. 우리는 모두 알고 있다. 우리의 능력은 무한하다. 단지 고정관념, 지식, 생각 등이 가로막아서 보지 못할 뿐이다.

삶이란 문제 풀이다.
살다 보면 끊임없이
어려운 문제에 직면하게 되기 때문이다.
삶에 어려운 문제가 생길 때
사람들은 신에게 기도하거나
누군가에게 묻거나 점을 치기도 한다
그래도 풀리지 않으면 좌절하기도 한다.

우리의 능력은 무한하다.
우리 몸은 수억만 년 동안 이어져 왔기에
우리 몸 안엔 그 시간을 지나온 지혜가
고스란히 담겨 있다.
수억만 년 동안의 엄청난 정보와 지혜가
우리 몸 안에 고스란히 남아 있다.
숫구멍을 열고
위대하고 아름답고 신비로운 몸을 보라.
길게 잡아도 3,000년이 채 안 되는
종교, 철학, 과학, 사상 등
짧은 시간에서 얻은
얕은 지식들을 버리고

몸을 보라.

숫구멍을 열고

그대의 위대하고 아름답고 신비로운

몸을 응시하라.

신에게 답을 구하지 말고

신에게 기도하지 말고

네 몸에 소리를 들어라.

누구에게 묻기 전에 먼저 네게 물어라.

네 몸이 가장 정확하게

가장 쉽고 빨리 답을 해줄 것이다.

종교, 철학, 사상 등의 생각이 물든 사람들은

어려운 문제를 해결했을 때

그 이유를 기도를 통한 신의 도움

또는 명상이나 정신 집중의 결과라고 본다.

하지만 이런 이유들은

맞지 않거나 정확하지 않다.

그것은 위에서 밝힌 바와 같이

위대한 당신의 몸이 알려준 지혜다.

당신이 절실히 답을 구할 때

수억만 년의 지혜를 간직한

위대한 네 몸의 응답임을 깨달아야 한다.

이 책 또한 그렇게 쓰인 것이다.

차원

우리는 흔히 차원이라는 말을 한다.

0차원은 점으로
오직 한곳만 보고 한곳에 갇힌 것을 말한다.

1차원은 직선으로
마치 열차처럼
앞과 뒤밖에 보지 못한다.

2차원은 평면으로
앞뒤 좌우까지 볼 수 있다.

3차원은 공간으로
앞뒤 좌우 위아래를 볼 수 있다.

4차원은 나만이 아는 절대적 세계요,
시공을 넘어서는 신비의 세계다.
몸은 곧 우주니 몸을 보는 것이

곧 4차원으로 들어서는 길인 것이다.
숫구멍을 열든 피부를 열든
몸을 열어 기를 느껴보라.
핏줄을 흐르는 피를 느껴보라.
당신의 아름답고 신비로운 몸을 보라.

남들은 가질 수 없는
남들은 느낄 수 없는
나만의 세계
4차원의 세계를 가질 수 있을 것이다.

많은 사람들은
0차원에 갇혀 있어
수천 년 전 사람들이 했던 말을
토씨 하나 틀리지 않게 매일 반복한다,

세상에서 하나밖에 없는 나
남과 다른 재능 감각을 가진 나
하나하나 모두가 다른 나를
보지 못하게 하고 똑같은 것만 보게 하는
종교, 철학, 사상들로부터
나를 보지 못하게 하고

신과 성인들과 같은 남만을 보게 만드는
종교, 철학, 사상들로부터
하루라도 빨리 뛰쳐나와야 한다.
참으로 답답한 일이 아닐 수 없다.
그래야 나를 보고 나를 찾을 수 있다.
이것이 진정한 해방과 자유가 아니겠는가.

주인

몸을 보면 생각은 절로 사라진다.

왜 그런가.

몸이 생명의 주인이기 때문이다.

아이들은 몸을 따르기에 활기가 넘치지만

어른들은 생각에 질질 끌려다니기에 활기가 없다.

생각은 몸의 주인이 아니기 때문이다.

돌아감

'몸보기'는 돌아가는 것이다.
사람은 누구나 떠난다.
생각이 그렇게 만든다.
그러므로 생각을 버린다는 것은
돌아감을 의미한다.
몸보기는 돌아가는 것이다.
처음으로
자연으로
동심으로
신비로움으로….

자리

몸을 보는 사람은 멀리 가지 않는다.
사람들은 너무 돌아다닌다.

성지를 찾아
스승을 찾아
깨달음을 찾아
그 무엇을 찾아 쉬지 않고 돌아다니며
몸과 마음을 혹사시키고 자연을 훼손시킨다.
돌아가라.
여기서 못 구하면 저기서도 못 구한다.
저기 있는 것은 여기 있는 것만 못하다.
바로 내 몸이 진리요, 스승이요,
깨달음인데 어디로 떠나려 하는가.

최소

'몸보기'는
많은 것을 필요로 하지 않는다.
사람들의 삶은 너무 번거롭다.
너무 많은
물질과 만남과
공부와 책에
매어서 정신없이 살아가고 있다.

'몸보기'는 당신의 삶을
소박하고 단순하게 만들어줄 것이다.
소박 단순하지만
'몸보기'보다 아름답고, 신비롭고
고귀한 것은 세상에 없을 것이다.

종교 용어에 '무소유(無所有), 불살생(不殺生)'이란 말이 있다. 하지만 이
것은 불가능한 말들이다. 최소 소유 또는 화랑 오계(五戒)에 있는 살생유
택(殺生有擇)이 맞는다. 그래서 종교적인 말들은 거의가 모순적이요, 극단
적이요, 실현 불가능한 논리들이다.

생각을 내려놓고 마음으로 사는 법

어우러짐

'몸보기'는 진정한 어우러짐이다.
어우러짐이란 조화로운 삶이다.
조화를 깨는 것이 집착이다.
집착이란 한쪽으로 치우친 것이다.
한쪽으로 치우치면 균형을 잃는다.
문명은 집착에서 나왔다.
그래서 사람들을 집착으로 몰고 간다.
술에 빠지고, 도박에 빠지고, 종교에 빠지고,
허황된 명예에 빠지고, 권력에 빠지고,
물질에 빠지는 이 모든 것이 집착이다.

몸은 생명이요, 자연이요,
마음이요, 깨달음이다.
그러므로 '몸보기'는 문명이 아니다.
따라서 몸을 보는 사람은
빠지거나 치우치거나
부분적이거나 순간적이지 않다.
'몸보기'는 하나가 되기 위한 몸짓이요,
전체를 향한 몸짓인 것이다.

집념

'몸보기' 수련 시에도 생각은 완전히 사라지지 않는다.
하지만 '몸보기' 수련 시에 일어나는 생각들은
수련자 내부로 깊숙이 들어오지 못하고
수련자의 주변을 서성거릴 뿐이다.
그러므로 생각을 하나도 남김없이
없애버리려고 애쓸 필요는 없다.
생각이란 근거가 없어
갑자기 생겼다가 갑자기 사라지기 때문이다.

생각을 내려놓고 마음으로 사는 법

생명

'몸보기'란 생명을 보는 것이다.

생명은 참으로 신비롭고 고귀하고 아름답고 소중하다.

따라서 모든 생명체는 생명을 이어가기 위해

자기 생명까지 헌신하며 또 하나의 생명을 낳기 위해

그 생명을 키우기 위해 혼신의 노력을 기울인다.

그만큼 생명을 낳고 키운다는 것은

세상에서 가장 가치 있고 보람된 일이기 때문인 것이다.

따라서 생명을 낳고 키워 본 사람의 지혜는

그렇지 않은 사람보다 얼마나 큰지 짐작도 못할 일이다.

그런데 생명을 낳지도 키워 보지도 않은 사람들에게

생명을 낳고 키워 본 사람들이

가정에 대해서

아이에 대해서

생명에 대해서

아픔에 대해서

세상 진리에 대해 묻는다.

아이를 낳아 본 적도 키워 본 적도 없어

아이가 아플 때 가슴이 찢어지는 고통이
무언지도 모르는 사람들에게
아이가 행복할 때
구름을 타는 듯한 기쁨을 전혀 모르고
오직 책만 읽어 간접경험밖에 없는
신부나 스님 같은 종교인들에게
육아나 아이들 교육을 묻는다.

연애도 해보지 않아
사랑이 얼마나 아름답고 고귀하고 신비로운지
이별이 얼마나 가슴을 아프게 하는지
모르는 종교인에게
결혼도 해보지 않아
배우자와의 갈등이 얼마나
마음을 아프게 하는지
전혀 알지 못하는
종교인에게
가정을 꾸려보지 않아
가정을 지키는 과정이
얼마나 많은 인내를 요구하는지
얼마나 잦은 갈등이 찾아오는지
얼마나 애가 타고 속이 타는지

가정의 평화가 얼마나
아름답고 행복한지를
전혀 알지 못하는
종교인들에게
생명을 낳고 키우고
가정을 꾸려가고 있는
많은 사람들이
길을 묻고 있다,

마치 서울 가본 사람이
안 가본 사람에게
서울에 대해 묻는 것과
무엇이 다른가.
오히려
그 종교인들이 당신에게
생명과 건강과 진리의 길을
물어야 하는 것이 맞지 않는가.

참으로 이상한 일이 아닐 수 없다.

해방

'몸보기'는 해방이다.
몸과 마음은 하나니
몸을 본다는 것은 마음과 하나 되는 것이다.
마음과 하나 된다는 것은
생각에서 벗어나
감각의 세계로 들어가는 것을 의미한다.
감각의 세계는 생각이 사라진 세계다.
그러므로
당신이 감각하고 있는 동안엔
생각이 결코 들어올 수 없다.
생각이 들어올 수 없으며
마음만 남는다.
순수한 마음만 갖는 것
이것이 진정한 해방이다.

생각을 내려놓고 마음으로 사는 법

부작용

몸이란 서서히 자란다.
몸뿐만이 아니라
세상에 모든 것은 이러해야 한다.
그러므로 급격한 것은
반듯이 부작용을 초래한다.
우리 속담에
"부자 삼 대 못 간다"는 말이 있다.
아이들이 스스로 얻은 재물이 아니고
부모로부터 받은 재물
즉 급격히 얻은 재물이기에
그 가치를 모르기 때문에 나온 말이다.
'몸보기'의 모든 수련법도 마찬가지다.

돌아가기

'몸보기'란
돌아가는 것이다.
몸과 마음으로
자연과 처음으로
돌아가는 것이다.
고정관념에 빠져 방황하던 지난날들
그리하여 저질렀던 돌아보고 싶지 않은 실수들
몸이 망가지는 것도 모르고
공식만을 좇던 철없던 지난날들
진리를 찾기 위해 행했던 수많은 실험들
그 혼란 속에서 사라져간 삶의 소중한 시간들
아, 나는 얼마나 진리를 찾아 헤맸던가.
하지만 사랑하는 나의 아이들이 없었다면
나는 아직도
종교, 철학, 사상, 의학 등이 가져다준
미로와 같은 고정관념 속을 헤매며
몸과 마음을 혹사시키고 있었을 것이다.
나와 같이 방황하는 사람이

더는 없어야 하기에

나보다 더 아파하면서도

아직도 생각의 미로 속을 헤매는 사람들

그리고 문명의 그늘에서 태어나고 자라나

가치관의 혼돈 속에서 방황하는

이 시대의 아이들을

몸과 마음의 오솔길로 인도하고 싶다.

누구나

흔들리고 방황하고 타락하고 실수할 수 있다.

중요한 것은 돌아가는 것이다.

몸과 마음으로 돌아가는 것이다.

그것이 진정한 뉘우침이요, 깨달음이다.

이 책에서 나는 그 길을 말하고 싶다.

편견

'몸보기'란
있는 그대로 보는 것이다.
사람과 책을 대할 때 더욱 그러해야 한다.
존경하는 생각을 갖고 대하면
그 사람의 모든 행동
그 책 속의 모든 글이 옳게 보일 것이요,
무시하는 생각을 갖고 대하면
모든 것이 하찮게 보일 것이다.

친일파들 못지않게
사대주의자들도 많은 문제가 있다.
'상선약수'
이 말은
"가장 위대한 것은 물과 같다"는
노자의 말이다.

과연 물처럼
아래로 아래로만 흘러가며

둥근 그릇에 담기면 둥근 모양을 하고
네모난 그릇에 담기면 네모난 모양을 하며
자기를 주장하지 않고
아래로 아래로만 흐르며
환경에 순응하는 것이
지극한 선일까.
어쩌면 이 말은
순종을 강요하며 백성과 국민을 옥죄는
사악한 위정자들이
최고로 좋아하는 말은 아닐까.
어쩌면 그래서
노자의 이 어리석은 '순종론'
"네가 아는 것은 아무것도 없다.
너 자신을 알라."라는 말로
시민들의 개혁적인 행동을 억눌렀던
소크라테스의 '무지론'
"행복도 고통도 너의 모든 것은 신의 뜻이다."라는
'유신론자'
"지금 네가 맞고 있는 삶의 전부는
전생의 업에 의해 결정되는 것이다."라는 '윤회론'
이 네 가지 이상한 생각들은
무능한 위정자들에게

특별히 선택되고 보호받아
그래서 많은 나라와 사람들의 입에
옛날부터 지금까지 회자되는 것은 아닐까.
진정 우리의 삶을 좌우하는 것은
권력자의 부정부패와
돈 많은 자들의 탐욕적인 삶 때문인데
유신론과 윤회론
그리고 순종론과 무지론은
참으로 역사와 현실을 제대로 보지 못하는
어리석은 이론들이 아닐 수 없다.

진정 위대한 것은 물이 아니고
평등과 외세척결을 외치며
전봉준 장군과
조선 민중들의 손에서 타올랐던
동학혁명의 불꽃이 아닐까.
어쩌면
3월 1일 자주독립을 외쳤던
유관순 열사와 조선 민중들의 손에서
하늘로 솟구쳤던 자주의 횃불이 아닐까.

어쩌면 진정 위대한 것은

생각을 내려놓고 마음으로 사는 법

이승만 정권의 부정부패에 항거하며
학생들의 손에서 핏빛으로 타올랐던
4·19 혁명의 햇불과 같이
썩은 것을 태우고 새 세상을 밝히는
저항과 변혁
개혁과 창조의 햇불이 아니겠는가.
돌아보라!
역사란 햇불의 기록이 아닌가.

세상에서 옛날이나 지금이나
가장 중요한 것은
신이 모든 것을 주관한다는 유신론이 아니요,
전생의 업이 현생에 반영된다는
윤회론도 아니요,
물처럼 현실에 안주하며 사는 순응론도 아니요,
나는 아는 것이 아무것도 없다며 몸을 사리는
소심함도 아니요,
사주 관상 역학 따위의
운명론과 팔자론도 아니다.

참된 역사의식과 정치의식
그리고 적극적인 정치 참여가

그 무엇보다도 숭요한 가치 기준인 것이다.

수백 년 전 조선 시대도 옛날이라고 비하하면서 수천 년 전 사람들을 아직도 위대하다고 하는 것은 참으로 문제가 많다. 2,000년 전, 2,500년 전에 노자, 공자, 석가, 예수, 소크라테스 등등의 위인들은 그 시대 사람들 중에서는 뛰어났을지 모르겠지만 논리력과 정보력과 통계력 그리고 몸과 마음이 훨씬 진화된 오늘날의 시각으로 보면 그 시대의 위인들은 그 시간만큼 많은 한계성과 모순을 갖고 있는 옛날 사람에 불과한 것이다.

편견을 버려라. 그렇지 않으면
당신은 어떤 사람이나 어떤 책이나
어떤 종교의 노예가 될 수 있다.
있는 그대로 보지 못하면
당신은 영원히 진실을 볼 수 없다.
있는 그대로 보라!
이 책 또한 그렇게 읽어주기 바란다.

중국의 동북공정은 우리 민족의 역사가 자기의 속국 역사였다고 우기는 역사 왜곡이다. 반기문 씨가 유엔사무총장 시절에 오바마 대통령에게 '상선약수(上善若水)'라는 글귀를 한자로 써서 보냈는데 참으로 아쉽다. 노자의 말을 한자로 써서 보냈으니 오바마 역시 한국은 오랜 기간 중국의 속국이었다고 여기지 않겠는가.

역사가 왜곡되어 가고 있는지도 모르는 많은 중국인들 또한 이 기사를 보면 한국은 역시 자기 나라의 속국이었다고 얼마나 큰 자부심을 갖겠는가. "윗물이 맑아야 아랫물이 맑다."라는, 누구도 부인할 수 없는 이 완전하고 멋진 진리를 한글로 써서 보냈다면 얼마나 좋았을까. 한글의 깊은 뜻과 아름다움을 널리 알릴 수 있었는데 참으로 아쉽다.

아울러 이제는 공공 기관 벽에 또는 대형 음식점 벽에 뜻도 알 수 없는 한자만 잔뜩 쓰인 액자 같은 것은 걸지 말고 우리 조상님들의 말씀을 써서 걸자. 이순신, 최제우, 안창호, 안중근, 윤동주, 이육사 등등 훌륭하신 조상님들의 시와 글을 한글로 써서 걸어 놓자. 얼마나 멋지고 교훈적이고 아름다울까. 정말 그래도 한자를 쓰고 싶다면 고조선의 건국 이념인 '홍익인간, 제세이화, 이도여치, 광명이세'라는 멋진 말들이 있지 않은가.

역사

'HISTORIA'라는 역사의 어원에서 보듯이

현재의 역사(Hi story)는 남자들의 이야기다.

그래서 거의 모든 성인, 위인들은 남자다.

역사는 오히려

여자들의 이야기(She story)가 되어야 할 것이다.

여자가 남자보다 더 있는 그대로 본다.

왜냐하면 여자가 더욱더 생명적인 삶을 살기 때문이다.

그래서 여자가 남자보다

더 마음적인 삶을 산다.

그러므로 여자가 남자보다 진리적이다.

그러므로 여자가 보는 세상이

남자가 보는 세상보다 객관적이다.

세상의 역사는 다시 쓰여야 한다.

여자의 눈으로

나는 그렇게 본 세상을 이 책에 썼다.

생각을 내려놓고 마음으로 사는 법

객관

'몸보기'란
있는 그대로 보는 것이다.
아이들이 건강하고 사랑스러운 것은
세상을 있는 그대로 보기 때문이다.
하지만 아이들도
세상을 어른처럼 생각적으로
본다면 아이들의 눈도
결코 아름답지 않을 것이다.

있는 그대로 보라.
그리하면 비록 나이가 들어도
당신은 언제까지나
건강과 아름다움을 잃지 않을 것이다.

마음보기

'몸보기'란
마음을 보는 것이다.
마음은 몸의 변화에 따라
생기고 스러진다.
마음은 심장이나 폐와 같이
우리가 생각으로 바꾸거나 없앨 수도
쉽게 할 수도 없다.
그러므로 원효대사가
'일체유심조'라고 한 말은 잘못되었으며
정확히 하면
'일체유사조'라고 해야 하는 것이다.

'몸보기'란
마음을 보는 것이다.
마음은 안에 있다.
나이, 학력, 지식, 국적, 인종, 성별,
재능, 직업, 지위, 종교
이러한 외적인 것들로 인해

생각을 내려놓고 마음으로 사는 법

우쭐해하거나 우울해하거나
우러러보거나 깔보지 마라.
이런 것들은 '몸보기'와는
진리와는 아무 상관이 없다.
이런 것들로부터 자유로울 수 없는 한
당신의 위치는 언제까지나 밖이다.
또한 '몸보기'는 하나 되는 것이니
이러한 것들로 사람을 구분하지 마라.
모든 분쟁은 나누는 데서부터 시작된다.

속담에 "피는 못 속인다."라는 말이 있다. 대개 사회적 지위가 높거나 학력이 높거나 허우대가 좋아 보이면 사람들은 높게 평가하는 경향이 있다. 하지만 인격은 그런 단적이며 외적인 것에 있는 게 아니라 더 깊은 곳에 있으니 그것이 '피'라는 것을 우리 선조들은 일찍이 깨달으신 것이다.

이완용을 비롯해서 나라를 팔아먹은 을사오적(乙巳五賊)들은 평소에도 중국을 숭상하는 사대주의자였다가 일본의 힘이 강해 보이니까 일본 쪽으로 고개를 숙였다. 지금 부정과 부패로 국민을 무시하고 자신의 부귀만을 탐하는 정치인, 학자, 재벌 등의 조상들도 대개가 친일파였으며, 그 친일파의 조상을 거슬러 올라가 보면 사대주의자인 것이다.

피는 아주 오래전부터 이어져 온 것이기에 학교에서 잠시 배움으로써 몸에 남아 있는 내력을 바꾸기가 어렵다. 그러므로 어떤 사람을 판단할 때 그 집의 내력, 즉 몸의 내력도 함께 보아야 할 것이다.

고향

'몸보기'는 마음으로 돌아가는 것이다.
왜 마음으로 돌아가야 하는가.
마음은 누구나 가지고 태어났고
지금도 갖고 있고
죽을 때까지 가져야만 하는
가장 아름답고 완전한 가치 기준이기 때문이다.
당신은 어떤 가치 기준으로 살아가는가.
종교인가, 철학인가, 사상인가,
과학인가, 풍습인가, 역학인가.
아니면 이와는 다른 어떤 생각인가.
하지만 냉정히 돌아보라.
당신이 지금 가지고 있는 가치 기준은
당신이 처음부터 갖고 있었던 것인가.
아니면 남들로부터
수없이 들어서 알게 된 것인가.

남에게서 들은 것들
이상하다고 느끼는 것들은

모두 던져 버려라.

그리하면 마음만 남게 된다.

우리가 처음부터 가지고 태어난 것은

그리고 죽을 때까지 지니고 사는 것은

오직 마음 하나다.

마음은 우리가 뛰어놀았고

우리를 길러준

우리의 고향이요, 어머니다.

'몸보기'란 마음으로 돌아가는 것이다.

그때 우리는 진정한 행복을 얻게 될 것이다.

마음 닦기

'몸보기'는
마음을 닦는 것이다.
마음을 닦는다는 것은
본래의 순수한 마음으로 돌아감을 의미한다.
순수한 마음을 가진 사람들은 착하다.

손자는 '병법은 속임수'라고 했다.
상대를 이기기 위해서는
"자신을 위장하라, 상대를 유인하라,
때를 기다려라, 상대가 강하면 피하라,
상대의 친한 자와 이간질을 시켜라,
상대를 교만하게 만들어라,
상대를 분노하게 하라,
상대를 피곤하게 하라."라고 했다.

우리 속담에
"지는 것이 이기는 것이다."
"맞은 사람은 발 뻗고 자고

때린 사람은 웅크리고 잔다."라는 말이 있다.

손자의 말과 비교해 보라.

아이들처럼 착하기만 한 민족이다.

하지만 착한 사람들은 위험하다.

착한 사람들은

생각이 많은 사람들의 표적이 되기 때문이다.

그것은 자연의 많은 동식물들이

인간들에 의해

멸종되어 가는 것을 보면 알 것이다.

그것은 간교한 사람들이

착한 사람들에게 수많은 상처와

고통을 주는 현실을 보면 알 것이다.

그것은 자연과 하나 되어 살아왔기에

착하기 이를 데 없는 우리 민족이

중국과 일본을 비롯한 간교한 나라로부터

수없는 외침을 받아온 역사를 보면 알 것이다.

그러므로 마음이 착한 사람들은

이런 것들을 늘 경계해야 할 것이다.

사람은 크게 좌뇌형과 우뇌형으로 분류할 수 있다. 즉 생각적인 사람
과 마음적인 사람이다. 좌뇌가 좋은 사람을 흔히 아이큐(IQ)가 높다고

하고, 우뇌가 좋은 사람을 이큐(EQ)가 높다고 한다. 좌뇌형은 논리적이고 계산적이고 생각적이고 보수적이고 객관적이다. 그래서 이기적이다. 우뇌형은 감성적이고 창의적이고 감각적이며 다정다감하고 주관적이다. 그래서 이타적이다.

사람은 둘 중에 더 발달한 쪽 뇌의 영향을 받는다. 예를 들면 이순신, 윤동주, 안중근, 윤봉길, 홍범도 등등의 의인들은 좌우의 뇌가 둘 다 좋지만 우뇌형의 삶을 살았다. 우리 민족은 특히 우뇌형이 많다. 그래서 늘 남을 배려하기에 세상에서 유일하게 '우리'라는 말을 사용하는 것이다.

하지만 우리나라뿐 아니라 세상의 사회구조는 좌뇌형에 유리하게 되어 있다. 우뇌형은 점점 세상에서 도태되어 가고 있다. 그래서 점점 인간미가 사라지는 세상이 되고있는 것이다. 좌뇌형은 약은 데 비해 우뇌형은 순진하다. 우뇌형은 늘 좌뇌형의 노림이 되므로 경계해야 할 것이다. 개인 대 개인만이 아니다. 나라와 나라도 마찬가지다. 그래서 예나 지금이나 이런 이유로 일본, 중국, 서양인들은 호시탐탐 우리나라를 노리고 있는 것이다.

생각을 내려놓고 마음으로 사는 법

최상의 진리

'몸보기'는
최상의 진리다.
진리는 누구에게나 적용해도
무리가 없어야 한다.
그러므로 깨달음은 누구나 할 수 있고
누구나 알 수 있어야 한다.
그러므로 '몸보기'는
종교도, 철학도,
사상도, 과학도 아니다.
'몸보기'와
'마음보기'는
모든 사람들과
모든 생명체들이
가고 있는 길이며
영원히 가야만 하는
운명이며 숙명인 것이다.

실상

'똠보기'란 실상을 보는 것이다.
하지만 많은 사람들은
허상 속에서 울고 웃는다.
실상은 배우지 않아도 누구나 알 수 있지만
허상은 배워야만 알 수가 있다.
수없이 거듭되는 반복 교육으로
사람들은 허상을 실상으로 착각하고 산다.
하지만 배움 속에는 실상이 없다.
배워서 안 것은 진리가 아니다.
동물들과 나무는 아무에게도 배우지 않는다.
배우지 않아도 아름답고 평화롭다.
인간만이 배운다.
그래서 허상적인 삶을 산다.
배움은 실상을 가린다.
배움은 실상을 무시한다.
허상적인 삶은 반드시 허무하게 끝이 난다.
허상은 모순이기 때문이다.
실상을 보라.
당신이 배워서 안 모든 것들을 버려라.
그리하면 실상을 볼 수 있을 것이다.

생각을 내려놓고 마음으로 사는 법

눈치채기

몸을 본다는 것은

눈치채는 것이다.

빠지고 있다는 것을

취하고 있다는 것을

중독되었다는 것을

병들어 가고 있다는 것을

착각하고 있다는 것을

오해하고 있다는 것을

속고 있다는 것을

뭔가 이상하다는 것을

눈치채는 것이다.

눈치만 챈다면 그다음은 쉽다.

눈치를 채기 위해서는 늘 깨어 있어야 한다. 깨어 있기 위해서는 는 경계해야 하고 의심해야 한다. 데카르트는 진리에 이르는 방법은 의심하고 의심하고 또 의심해서 더 이상 의심할 수 없는 것만이 진리하고 했다.

그러나 우리 민족은 수천 년 전에 이미 이것을 알고 있있다. 속담에 "아는 길도 물어가라." "열 길 물속은 알아도 한 길 사람 속은 모른다."

"돌다리도 두드려 보고 건너라." "믿는 도끼에 발등 찍힌다."라고 했다.

수천 개 속담 중 이와 같이 조심하라는 속담이 가장 많다. 모든 생명체는 천적으로부터의 공격이 이겨내며 진화해 왔기에 우리 몸에도 경계하고 조심하고 의심하는 유전자가 내재되었기에 경계하는 마음을 갖는 것은 극히 자연스러운 현상이다.

그런데 종교가 들어오면서 사람들은 의심보다 믿음을 중시하게 되었다. 믿음을 중시하게 되면서 많은 착한 사람들이 피해를 보고 있다. 믿음을 강조한 우리 속담은 없다. 그러므로 믿음을 말하는 사람들은 대개 사기꾼이거나 정상적이지 않은 환경에 처해 있는 경우인 것이다.

'내가 식사를 하면 위장이 잘 소화시켜 줄 거라고 확신해'라며 식사를 한다면 그는 아마도 위장에 문제가 있는 사람일 것이다. "너는 엄마가 너를 얼마나 사랑하는지 알지?" "네, 저도 엄마가 저를 사랑하고 있는 걸 매일 느끼면서 살아요." 이런 대화를 한다면 아마도 입양 가족이거나 부모와 자식 간에 심한 갈등을 겪은 사이일 것이다. "너는 나를 믿지? 너는 나만 믿어. 내 주변에 믿을 만한 사람은 너밖에 없어." 이렇게 대화한다면 그는 분명 사기꾼일 가능성이 높다.

종교는 처음부터 끝까지 믿음이다. 어떤 종교도 같다. 증명할 수 없는 것을 있는 것처럼 하려니 믿음이 아니면 존재 자체가 불가능하기 때문이다. 과학은 "증명할 수 없는 것은 없는 것이다."라고 정의한다. 과학이 사라지든지 종교가 사라지든지 해야 하는데 둘 다 존재한다. 참으로 이상한 세상이다.

이순신 장군이 백전백승(百戰百勝)을 할 수 있었던 비결 중의 하나가 바로 의심하는 것이다. "남들의 말은 다 믿을 수 없다."라는 말이 난중일기에 여러 번 나온다. 의심에 관한 글이 가장 많은 우리나라 속담을 몸소 익히고 실천하여 얻은 결과가 아니겠는가.

이상함

'몸보기'는
마음과 하나 되는 것이다.
마음은 완전하다.
그 마음은 누구나 갖고 있다.
마음은 몸에서 나온다.
몸은 수억만 년을 이어져
오늘까지 이어져 왔다.
그 수억만 년의 정보와 지혜가
우리 몸에 들어 있다.
그 몸에서 마음이 나왔다.
그래서 그 마음에 어긋나는 것은
몸의 정보와 지혜 즉
생명의 질서에 어긋나는 것이니
그 어긋남을
우리는 이상하다는 느낌으로
눈치채는 것이다.
이것이
왠지 모르게 이상하게 느껴지는 것의 실체다.

그 이상함과 타협하지 마라.

합리화시키거나 외면하지도 마라.

끝까지 추적하라.

그래서 그 이상한 것들의 실체를

모두 확인했을 때

비로소 몸과 마음과 하나가 되는

삶을 살 수 있을 것이다.

이 책은 내가 자라면서부터

이상하다고 여겨 왔던 것들에 대한

끈질긴 추적의 결과다.

몸으로 알기

'몸보기'는
몸으로 아는 것이다.
생각으로 아는 것은 지식이다.
지식은 시간이 가면 잊힌다.
하지만 몸으로 안 것은
'자전거 타기'와 같이
시간이 아무리 흘러도
결코 잊히거나 사라지지 않는다.
이 책에는 지식이 없다.
오직 몸으로 알아야 할 것들만 있다.
이 책에서 주장하는
'몸보기'와 '마음보기'를 이해하기 위해서는
단 몇 시간이면 족할 것이다.
이미 내 안에 있기 때문이다.
하지만 '몸보기'와 '마음보기'를
생활화하려면 시간이 걸릴 것이다.
지식, 생각, 고정관념 등을
버리기가 쉽지 않기 때문이다.

버리기

'몸보기'는 버리는 것이다.

이 책을 읽다 보면

자기도 모르게 몸을 보게 된다.

몸을 보게 되므로

자기도 모르게 고개가 끄덕여지고

수없이 무릎을 치게 된다.

그럴 때마다 당신을 억압하던 고정관념들은

당신에게서 하나둘 떨어져 나가게 될 것이다.

하지만 당신이 '몸보기'를 게을리한다면

생각들은 다시 달라붙어 당신을 억압할 것이다.

깨치기

'몸보기'란
무한한 가능성을 가지고 있다.
몸이란 신비하기 이를 데 없기 때문이다.
누구에게나 시련은 온다.
시련은 누구에게나 고통이다.
하지만 시련이 없으면 깨달음 또한 없다.
나의 삶에 시련이 없었더라면
그리하여 그 시련들을
회피하려 했거나
남에게만 의지하여
스스로 이겨내려 노력하지 않았다면
이 책은 나올 수 없었을 것이다.

나

'몸보기'란
나를 찾는 것이다.
신, 성인, 위인, 선생, 스승
이들은 모두 남이다.
남은 나보다 나을 수가 없다.
남은 언제나 곁에 있지 아니하고
나를 나보다 더 잘 알 수 없기 때문이다.
지금 이 순간에도
남을 찾아 헤매는 사람들
남만을 우러러보며 살아가는 사람들은
돌아보라!
그대들은 한순간이라도
나를 찾기 위해 노력해 본 적이 있는가?
나를 보라!
네 몸을 보라!
그 안에 남에게서는 결코 찾을 수 없는
나만의 진리가 있다.
나를 보라!
네 몸을 보라!
처음부터 끝까지 이 책은 그 얘기다.

따로 가기

'몸보기'란

따라가는 것이 아니고

따로 가는 것이다.

사람마다 능력과 개성이 다르기 때문이다.

하지만 개성이라는 허울 아래

오직 남과 다르게 보일 목적으로

기괴한 복장과 이상한 머리 모양을 한다거나

종교에서 주장하는 영혼론을 내세우며

기행과 고행으로

고귀한 몸을 혹사시킨다거나

예술이라는 명분 아래

소중한 몸에 문신이나

상처를 낸다거나

음란한 행위를 한다거나

도전이라는 미명 아래

생명을 건 모험을 한다거나

호기심, 솔직함, 자유, 젊음 등을 빙자하여

마음과 생각을 구별하지 못하고

제멋대로 행동하거나
문란한 생활을 하는 것은
진정한 자유, 진정한 개성과는
거리가 먼 것이다.
무엇을 추구하든
어떤 행위를 하든
그 방법은 자연스러워야 하며
남에게 피해를 주어서는 아니 되며
그 지향점은 언제나 생명이어야 한다.

전체

몸은 부분이 아니고
전체를 말한다.
말로는 전체를 보여줄 수 없다.
진리는 물건도, 지식도, 공식도 아니다.
그러므로 남에게 줄 수도
가르쳐줄 수도 없다.
당신의 동반자에게도
당신의 사랑하는 아이들에게도
당신의 형제, 친구에게도
모두를 보여줄 수가 없다.

말을 조심하라.
말은 전체를 보여주지 못하기 때문에
항상 시비와 오해를 불러일으킨다.
당신이 깨달음을 주고자 하는 사람이 있다면
가능한 한 쉽게 써서 글로 전하는 것이 좋다.
나 역시 이 책이 나오면
단지 소개만 할 뿐이다.

생각을 내려놓고 마음으로 사는 법

읽고 안 읽고
깨닫고 못 깨닫고는
내 힘 밖의 일이다.

소심하기

'몸보기'란 조심스러운 것이다.
나만을 바라보고 나만을 주장하다 보면
자칫 거만해질 수 있다.
또 조금 건강해졌다고 오만해지다가
병을 불러올 수 있다.
몸이란 소중하고 조심스러운 것이다.
언제나 초심을 잃지 말고
우주와 자연과 몸과 마음에 대한 경외심을
잊지 말아야 할 것이다.

　　　　　　　　생각을 내려놓고 마음으로 사는 법

자연

몸을 본다는 것은
이 세상에서
가장 아름답고 신비롭고 위대하고 완전한
책을 보는 것이다.
왜 그런가.
몸은 자연이기 때문이다.
자연의 위대함과 오묘함과
신비함과 아름다움을
어찌 말이나 글로 다 표현할 수 있으랴.
말이나 글을 모아 놓은 것이 책이니
당신이 진정 깨달았다면 이 책도 던져 버려라.
깨달은 사람의 경전은 오직 자연이다.
깨달은 사람의 경전은 오직 몸과 마음이다.
깨달은 사람에게 책은
시력 저하만 가져올 뿐이다.
진리란
본래부터 존재하는 것이지
억지로 만들어내는 것이 아닌 것이다.
냉정히 보자.
있는 그대로 보자.

변화

몸을 보는 동안
우리는 지금까지는 전혀 느껴보지 못했던
감각의 세계로 들어간다.
그것은 우리는 생각으로는
도저히 짐작할 수 없는 세계다.
이러한 감각이 반복되면
마침내 우리 몸은 변화한다.
그 변화는 생명력을 강화시켜 줄 것이다.
그 변화가 더 많은 자유를 가져다줄 것이다.

생각을 내려놓고 마음으로 사는 법

몸의 신비

때때로 전생을 보았다는 사람들이 있다.
그것은 자기 몸의 기록을 본 것이다.
앞에서 언급했듯이
우리 몸에는
조상들의 삶이 섬세하게 기록되어
생각을 버리고 고요하게 자기 몸을 보면
그것을 볼 수 있는 것이다.

때때로 초능력이나
예지력이 생겼다고 말하는 사람도 마찬가지다.
신이나 어떤 외계인이 아닌
자신의 몸에서 나온 것들이다.
다 몸이 있기에 일어나는 현상인 것이다.
몸은 무한히 많은
정보와 능력과 가능성이
담겨 있는 신비로운 세계다.

아이들

'몸보기'는 돌아가는 것이다.
몸과 마음으로 돌아가는 것이다.

아이들은 돌아감을 모른다.
아직 떠나지 않았기 때문이다.
아이들에게는 이 책의 내용뿐만 아니라
어떤 종교나 사상 따위도
알려줄 필요가 없다.
아이들은 아직 이러한 것들의
참다운 의미를 깨달을 수가 없다.
아이들은 아직 떠나지 않았기 때문이다.
떠남이 있어야 돌아감의 의미를 아는 것이다.
그러므로 아이들에게
돌아감에 대해 말하는 것은 참으로 어리석다.
그것은 방에 있는 사람에게
들어가라고 하는 것처럼
큰 혼란만 가져다줄 것이다.
따라서 아이들에게 너무 일찍부터

생각을 내려놓고 마음으로 사는 법

종교, 사상, 철학을 말하는 것은
대단히 부자연스러운 것이다.
그리고 매우 위험한 것이다.

어버니

가정은 소중하다.

가정에서 생명이 태어나고 자라기 때문이다.

진리 탐구를 위해 가정을 떠났거나

가정을 소홀히 했던

성인들과 많은 위인들의 행동도

생명적인 관점에서 보면 옳다고 할 수 없다.

진리 탐구보다 소중한 것이 생명이니

더 많은 생명을 구하기 위해

자기 한 몸을 던진 안중근 의사와 같은

의로운 사람의 용기 있는 행동들을 빼고

가정을 도외시하면서

생명을 외면하면서 얻을 수 있는 진리란

세상에 없는 것이다.

나는 나의 어머니께서

나보다 일찍 주무시는 걸

나보다 늦게 일어나시는 걸

나보다 맛난 음식 드시는 걸

생각을 내려놓고 마음으로 사는 법

나보다 많이 드시는 걸
나보다 좋은 옷 입으시는 걸
나보다 따스한 자리에 주무시는 걸
본 적이 없다.

이러한 어머니의 모습을 보며 자랐기에
나는 종교와 철학과 사상 따위를
창시한 사람들의 모순을
남들보다 더 잘 볼 수 있었던 것이다.
이것은 비록 필자만이 보았던
어머니 모습이 아닐 것이다.
진실로 위대한 사람은
특이한 말과 특출한 행동을 했던
위인들이나 성인들이 아니라
오직 자식만을 위해
모든 걸 참아내고 희생하고
고귀하고 소중한 생명을 낳고 기르며
인내와 희생으로 살다 가신
우리 어머님들인 것이다.

이 세상에 가장 위대한 성인
가장 아름다운 사람은

어렵고 이상하고
애매모호하고 비현실적인 말들로
사람들을 혼란에 빠뜨린
작금의 성인들과 위인들이 아니라
우리들을 낳고 키워주신
우리들의 어머니인 것이다.

진실로 위대한 것은
특이하거나 특별하거나
우리가 성인이라 부르는
몇몇의 사람이 아니라
생명을 잉태하고 낳고 길러낸
수많은 우리의 어머니임을 깨달아야 한다.
마치 누구나 마시고 호흡할 수 있는
하지만 한시라도 없으면
생명을 유지할 수 없는
물과 공기와 같이
흔한 것들이 위대한 것임을
깨달아야 할 것이다.
진정 위대한 것은
결코 극소수가 아니고
특이한 것들이 아님을

깨달아야 할 것이다.

성령으로 잉태한 마리아가 고결하고 성스럽다면 부부 생활로 우리를 낳으신 우리들의 어머니는 그렇지 않다는 것인가. 그렇다면 왜 남녀에게 이러한 몸의 구조를 주었는가. 그렇지 않다. 우리 몸의 구조에 따라 생명을 낳고 기르는 것이 가장 고결하고 성스러운 것이다. 몸의 욕구를 이겨낸 것처럼 그리하여 남들로부터 고상하게 보이려 노력하는 종교인, 도사, 철학자들은 대개가 이중인격자라는 것을 알아야 한다. 몸이 존재하는 한 몸에서 일어나는 마음을 초월한다는 것은 불가능한 것이다.

질대 기쁨

'몸보기'를 모르는 사람들의 행복은
모두 상대적인 것이다.
남보다 좋은 학력
남보다 좋은 집
남보다 뛰어난 능력
남보다 잘난 외모
남보다 많은 돈
남보다 높은 권력 등등
그래서 자기가 남들로부터
관심이 없어지거나
남들보다 뒤떨어지면
그 순간 사라지는
물거품 같은 행복을 추구하며
불안하게 살고 있다.
'몸보기'는 그런 것이 아니다.
'몸보기'의 즐거움은
경쟁과 비교에서 오는 것이 결코 아니다.

생각을 내려놓고 마음으로 사는 법

속담

나는 이 책에서
많은 속담들을 인용했다.
속담은 우리 민족이
일만여 년의 세월을 살아오면서 깨달았던
세상의 흐름, 자연의 변화
우주와 인간 성찰에 대한
확인이요, 검증이기 때문이다.
일만여 년 동안 검증되고
확인되어 전해지는 진리가
우리 속담 말고
그 어떤 종교, 그 어떤 철학
그 어떤 책에 있는가.
그러므로 우리 속담은
이 책에서 강조하는 몸, 마음, 자연 등에 대한
구체적 표현이라고 볼 수 있다.
따라서 당신이 무엇을 하든
어떤 문제에 부딪히든
먼저 우리 속담에서
그 답을 찾아야 할 이유가 여기에 있는 것이다.

풍경

세상엔 아름다운 풍경들이 너무 많다.
쪽빛으로 흐르는 시냇물
오색으로 피어나는 봄꽃들
연둣빛으로 뒤덮인 신록의 숲
은백색 흰 눈의 눈부심
바라보면 빨려들 듯이 밀려오는 푸르른 파도
잎사귀 하나하나에 시를 쓰고 싶은
가을날의 숲….

이처럼 아름다운 풍경이 하나 더 있다.
만삭의 배를
두 손으로 소중히 받쳐 들고 걸어가는 임신부
아이의 양손을 한 손씩 잡고
그네 태우듯이 겅중대며 걷는 부부
손자를 바라보며 기뻐서 어쩔 줄 모르는
할머니와 할아버지
얼마나 고귀한 풍경인가.
몸과 마음이 주는
인생 최대의 선물인 것이다.

생각을 내려놓고 마음으로 사는 법

동심

'몸보기'는 생각을 버리는 것이다.
몸을 보면 생각은 저절로 사라진다.
아기는 생각이 없다.
생각이 없으니 몸을 볼 수밖에 없다.
생각이 사라지면 순수한 마음만 남는다.
순수한 마음, 이것이 동심이다.
그러므로 생각을 버리면 누구나 동심을 얻는다.

넘치는 생명력
해맑은 웃음
순진무구한 마음
우리가 잃어버린 것이 이것이 아니던가.
우리가 돌아가야 할 곳이 여기가 아니던가.

가장 큰 깨달음은 마음의 실체를 알고 마음을 따르며 사는 것이다. 마음이 일어나는 대로 사는 삶에는 언제나 생명을 유지하고, 지키고, 잇는 쪽으로 향하게 된다. 이것이 모든 사람들이 가지고 있는 마음의 참모습인 것이다.

필자는 인류가 생긴 이래 마음과 생각의 차이에 대해 처음으로 쉽고 명확하게 정의한 최초의 사람이라고 여긴다. 이러한 자부심은 필자가 뛰어난 것이 아니고, 위대하고 장고한 우리 민족의 역사가 내 몸에 흐르고 있기 때문이라고 여긴다. 그래서 이 땅에 태어난 것이 매우 자랑스럽다.

몸이 그러하듯 마음 또한 신비롭기 그지없는 것이니, 이 책에 아무리 많은 것들을 써놓아도 마음과 몸 전체를 설명할 수는 없을 것이다. 나머지는 독자들의 몫이니 부디 독자들은 이 책에 있는 것보다도 더 많은 것들을 깨달아 아름답고, 건강하고, 행복한 삶을 꾸려가기를 바란다.

생각을 내려놓고 마음으로 사는 법